滄海叢刊

釣魚政治學

鄭赤琰 著

1988

東大圖書公司印行

學問，深奧的哲理，都可以從釣魚去體會，去表達。」

「你信不信？」我追問。

他沒答腔，我相信他仍半信半疑。

「馬克思搞革命的，够嚴肅了吧？他也用釣魚來表達他所說的理想社會，他說到了共產主義的社會階段，人人有閒情有閒暇去釣魚。姜太公八十歲才遇上文王，這麽遲才遇上，還是靠他最後一個秘密武器——釣魚術。他用的是空鈎子，文王不明個中道理，他說：願者上鈎。好個『願者上鈎』，文王終於從這裏體會出大道理，用『空鈎子』治政，創下了中國歷史上有名的『王道』政績來。海明威的《老人與海》，使他一擧成名，並因此獲得諾貝爾文學獎。他也是用釣魚來表達了他深奧的『自由主義思想』。說到海明威，更應加多一筆的是他原來也是釣魚狂，為了釣魚，他曾經走遍南北美洲的名川大海，更去過歐、非兩個大陸，每到之處，大魚總給他帶來大靈感。《老人與海》裏的那條大魚，正是他在古巴海峽上釣到的千磅大魚所帶來的靈感。那時他剛好體會到古巴『革命』否定的一面，對卡斯特羅的嚮往與友情也冷淡下來，離開了哈瓦那，正想寫出他對古巴革命的體會。想不到這條大魚上了鈎，掙扎了好些時間，也引來了成羣鯊魚，把這尾大魚咬得殘缺不全。這時他體會到這是個好題材，《老人與海》便這樣誕生的。」

「他表達了什麽呢？」

「好問題！他表達的正是他一生對政治的體會。他在美國這種自由主義社會成長，見過了許多貧富不均的現象，以及正邪難辨的人物，也看到過不少遭遇不幸的人，他筆下刻劃的就是這些不幸的人物和情景。當古巴革命後，他很嚮往，以為這次革命可以帶來他的理想社會，可惜他見到的却是古巴革命的黑暗一面。最使他震驚的是革命所屬行的平等，原來竟是把『機會』帶到『零』的極限，所以在《老人與海》裏，他用『運氣』與『遊戲』來表達了他的最高意境：機會。『機會均等』未必落在每一個人身上，有時候祇落在一個人或少數人身上，但誠如佛家所體會的：生不帶來，死不帶去，何況還有不少鯊魚在窺視着。因此，機會像受『遊戲』規則所操縱，永遠運行，得失無常。由於每個人都有機會有希望，這個希望使人永遠去追求，社會因而產生動力。希望得到機會造成巨大無窮的社會動力。釣魚使人着迷，便是因為永遠有一個釣到大魚的機會與希望。」

「原來海明威《老人與海》的那條大魚是那麼有來頭的，真可謂斤兩十足！」老編終於同意地說：「好！你就從釣魚去寫《縱目天下》，一言為定。」

有老編拍板決定，而我一向釣魚成狂，那有不下釣之理。

這便算是《縱目天下》的楔子。

＊一九八六年八月十二日香港明報專欄縱目天下＊

目次

魚會不會沒有骨頭？

自從我講釣魚的文章在自由論壇發表後，相識的朋友見了面都會說：原來你是喜歡釣魚的；或說：有機會跟你一道去釣魚。

前幾天，一位朋友就拉着我說：「你那麼喜歡釣魚，究竟有沒有魚是沒有骨頭的？」他說這話時，一本正經，我馬上猜想他大概是想獲得點科學知識，於是也一本正經地思考這個問題。世界上究竟是否有些魚是沒有骨頭的？在印象中，似乎魚都是有骨頭的，不但有骨頭，而且還有脊骨，有大骨、細骨、叉骨、直骨，甚至連翅也有骨。人肉沒骨，但魚連肉也有骨。洋鬼子最怕魚骨，因而只敢吃少數的幾種魚，多骨的都寧願不吃，即使少骨的，也要把魚肉切片（fillet），製成魚扒才吃。以前沒想到魚有沒有骨的問題，現在想起來也眞有趣，魚原來是這麼有「骨氣」的？大概就是因爲魚的世界是大魚吃小魚，非有骨頭沒法生存吧！但細想一下，魚吃魚，不是咬，也不嚼，只靠吞，在吞的辦法下，什麼骨頭也擋不住了，所以魚吃魚只能是大吃小，不像人類世界，有「人心不足蛇吞象」的情況。

當我還在思考魚骨問題的時候，那位朋友卻不等我想到答案，馬上打斷我的思索，很有信心的說：

「魚都有骨頭的，全世界只有香港這個地方，最容易找到沒有骨頭的魚，而且越是大條的便越是沒有骨頭！」

「你開玩笑，你這話另有意思。」

「不是開玩笑，我跟你一樣是說正經的，越大條的便越沒骨。」我正想答話，他卻搶着說：

「你不相信嗎？墨魚不是沒有骨的嗎？越大條的墨魚便越沒有骨是嗎？」

「哈，我怎麼沒想到墨魚……」

他跟着說：「墨魚雖然沒有骨頭，卻也厲害，碰到危險，立刻放墨，把四周的水弄到黑黑的，他便趁黑逃遁，所以沒有骨頭的魚也有它的辦法，沒有骨頭便有它的遁形術！」

「你這話是有所指的？」

「你不是說釣魚可以參透很多大道理嗎？我只是給你一點靈感罷了！」

說罷便揚長而去，而我所得到的靈感是他好像在指一些人大言不慚之後，未必敢面對現實，公開亮相，祇好趁「黑」逃避。這種人是沒有骨頭的，就像墨魚一樣。

立此存照

大亞灣最近魚訊頻傳，令我釣技奇癢，眞有吃不消之感。

首先上鈎的，竟是一條大白鯊。據科學家說，這種魚的生存本能很大，生物史上不少動植物都被淘汰掉了，但這種大白鯊卻是極少數留存下來的古生動物，他們還能興風作浪，怒海求生。

科學家還說（不由得你不信，因爲現在的科學已十足安全，尤其是商業化的更安全，安全程度甚至連核電廠的危險程度也不過像溫情暖萬家的電飯煲那樣），這種大白鯊所賴以求生之道，原來是靠窮凶極惡，其凶惡的程度眞是當者披靡，管他是一百萬魚羣，他也直衝無忌，因爲他深深明白，在他疾衝之下，魚羣都要跳海去了。

科學家還說，這種大白鯊還有一個求生之道，那便是消化力特強，在海洋上見到任何漂浮的東西，祇要讓他見到，便會衝過去一口呑下來，不管能不能消化，他也照呑不誤，也絕對不怕汚染。只有游得慢，在海底爬的蛤蚧蝦公之類才會怕受汚染。大白鯊全不怕這套，連商業性那麼神通廣大的可口可樂罐子，他也照吞。因爲大白鯊有這麼大的消化系統，所以科學家相信（只是相信，還正待求證）鯨魚登陸自殺、受輻射汚染之類的現象，對大白鯊那樣消化力強的古生動物，不會有任何影響。因此，有些核電科學家根據這種現象提出辯駁，認爲輻射會毀滅一切生物之說是無稽之談。從這道理推衍出去，凶惡如大白鯊可以不怕輻射，相信人類中的惡人，大概也不怕輻射。

科學家都注意到，由於鯊魚的消化力特強，甚麼都吞，完全不像其他魚類。對大白鯊來說，是甚麼都吃，完全沒有甚麼「專業」。卽是說不管甚麼魚，大小通吃。大白鯊吃人，也是一樣，不管你是跳海自殺的，游水逃亡的，或是游水作樂的，或是騎着風帆的，一概照吃不誤。有一部電影叫「大白鯊」，片中的鯊魚連船上的人也拉下來，因此有科學家說太誇張，沒有這回事，可是「大白鯊」原作者跳出來和這些科學家辯論說，聖經上也載明有大白鯊長達三十六呎的，還說連船也進攻。結果，科學家不敢再跟「大白鯊」作者糾纏下去，大概是怕了這條「大白鯊」，不敢跟他公開辯論。這也是明智之舉，因爲按邏輯推理，消化力既大，而又「食無專業」，再加上窮凶極惡，船對「大白鯊」又算甚麼一回事呢？

大白鯊還有許多事値得大書特書之處，上述只是部分事跡與行狀，立此以爲存照！日後相信還會有很多關於他的故事，因爲他旣是古生動物，也就是永生動物，相信一定會有很多事情發生在他身上！

鯉魚和民族性

應該是十八年前的事了，那時初到北美，在加拿大安大略省的倫敦市唸書，這裏有一條河，也叫泰晤士河。記得第一次從橋上經過時，發現一個奇怪現象，河裏成千上萬肥肥大大的鯉魚，竟然沒人捕捉。

心想如果這些魚在中國的河流出現，相信早已給人捉來煎炒煮炸，但爲什麼這裏的鯉魚卻能優游自在，長得肥肥大大？難道這裏的人不喜歡吃魚？又或者是他們魚多人少，吃不完？問東方來的華裔同學，他們平日只管讀書，雖然有些住上三兩年，也都沒餘閒理這問題，所以也講不出河中滿是鯉魚的道理來。

好不容易等到了夏天，認識了一位匈牙利來的移民，他愛釣魚，也答應教我。果如所料，第一次釣到的竟然是一尾大鯉魚。我很興奮，如獲至寶，可是這匈牙利人卻不當一回事似的，幫我解開了魚鈎，隨即一聲不哼地便把這尾大鯉魚拋回河裏。我連忙問他爲何把我的鯉魚放走。

他給我一問，反而大吃一驚地說：「你要鯉魚的嗎？」

我說：「是的，不但要，而且幾乎是我們中國人的國魚呢？」

他聽我這麼說，更加驚奇地說：「你不是開玩笑吧？」

我見他滿臉驚異的表情，心想他這人對中國人中國事實在太無知。中國人看重鯉魚，愛吃鯉魚，早是傳統，連成名出衆也以鯉躍龍門來比喻，很多吉祥畫都以胖小孩抱着鯉魚爲題材。這是傳統的玩意，他不知，還不怪，然而他應該聽說過當今中國幫助落後國家搞好糧食，也都以教人養鯉魚爲良策。總之，我們做夢也不會想到鯉魚有什麼不好，他有什麼大道理要把鯉魚拋回河去，於是反問他道：

「鯉魚有什麼不好？」

他聽了馬上連聲道：「加畢斯！加畢斯！」意思是指鯉魚爲垃圾。

「垃圾？」

「是，垃圾。」他說：「它檢食河裏的髒東西，愛在泥河水中游戈，土泥味令人難以下咽！更糟的，它不是 Game Fish，上釣後，不會跳水，不會鬥，只懂得順從，乖乖就上岸。所以我們北美人不喜歡鯉魚，有人甚至把它踏死棄在岸上，希望它絕種呢！」

這匈牙利人的一番話，我當時仍未能眞正了解，直到我在北美生活了幾年，感受了幾年北美的釣魚玩意，這才終於了解到這匈牙利人的話不誇張，他們的確非常一致地不喜歡鯉魚，因爲鯉魚本身不但不是 Game Fish，而且還逐漸摧毀北美的河湖裏的 Game Fish 生態場所。一般北美的原產魚有鱒魚、鱸魚（北美特產）、槍魚、沙文魚等等，都是一流的 Game Fish，上鈎後卽刻飛出水面，或縱或跳，企圖逃脫，眞是一流的好戰士，叫垂釣者魂不附體，十分刺激。據統計，好多人因此而心臟病發。但北美人好釣成狂，死在這些 Game Fish 手裏也無怨無悔。因此，當然不能容許鯉魚把河湖的水草吃光，使這些 Game Fish 的幼魚無處容身。

更教北美人懊惱的，鯉魚並不是他們的原產，是上世紀不知那個美國人把它從中國帶到北美，因而傳下來的「禍種」。傳播之快，也眞教人結舌，每條鯉魚一季節能產百萬魚卵，不過百多年，如今已是整個北美的河湖都被鯉魚逐漸奪下陣地。美國的水產科學家曾經想過要清除它，但北美河湖裏鯉魚之多何止億萬，根本難以下手。

唯一補救的辦法便是努力由人工栽培 Game Fish 幼苗，由人工養育到一定的大小，有足夠求存的能力，才放回河湖去，只有這樣才能不受鯉魚之累，只有這樣才能使 Game Fish 生存下去。

北美魚類多是好鬪善鬪之類，這顯然是由於北美人喜愛鬪，喜愛 Game Fish，栽培 Game Fish。Game Fish 繁衍不絕，顯然是北美的民族性使然。

然則，中國大地多鯉魚，是不是又與中國的民族性有關呢？這裏要請教於高明了。

＊一九八六年九月十六日＊

見「餌」忘死

前幾天又碰上那位問我是否有些魚是沒有骨頭的朋友，他劈頭便說：

「今天我又有一個問題。」

「你又想給我什麼靈感。」

「魚會不會知道有死這回事。」

我給這一問，幾乎爲之結舌，沉思良久，才答道：「有生必有死，死生觀念一道來，既然有生命的東西便該知道有死這回事吧？」說到這兒，自己馬上覺得不妥當。先賢不是早說過，聰明如孔子，也不談死，說未知生焉知死，何況一向釣魚成狂的我也早該知道，魚也的確不知有死這回事。

眼見同伴逐一上釣，被拖拉而失踪，他們竟然蠢得交關，仍然見餌心動，連逃也不逃。就是因爲有這種蠢事，所以釣魚的人一見附近有魚上釣，便圍釣在一起，盯着水下面的魚羣不放，這是釣魚人的起碼常識，也可見魚對危險這麼起碼的常識也是沒有的了。想到這一層，我頓覺得剛才的答話不妥，正想改口，他早就爭着說：

「你當眞肯定魚是知道有死這回事的？」

「我原來是這麼想，但仍有疑問。」

「那麼你是想說魚是不會知道有死這回事的？」

「好像是知道，認眞想起來，又好像是不知道。比如說，釣魚時，魚船不能發出太多震動的聲音，這樣會把魚嚇走，既然會走，便該知道危險，知道危險，便該知道有死這回事。」

他又搶着說：「那麼，照這麼說，魚是知道有死這回事的了！」

「但是……」

「還有『但是』，很好，你說來聽聽。」

這時我所認識的有關魚的科學知識，終於慢慢回來了：「我記得科學家曾做過研究，說是魚一旦上鈎時，全身立卽變色，這變色便成爲一道很強的訊號，知會同伴他已碰上危險。」

「好，這研究做得好，可見魚是知道死這回事的！」

「但是，我還是很懷疑這研究，因爲釣魚人的經驗是專找魚羣，越近魚羣便越容易釣到魚，這科學研究不能印證釣魚人的經驗。」

說到這裏，他倒有了答案似的，搶說道：

「這倒不難提出圓滿的解答，人何嘗不一樣，香港人不是有句俗語說，有些人不知死字怎麼寫嗎？這種人不是不知道有死這回事，只是他或者見了義，或者見了利，或者見了神，或者見了什麼主義，所以不怕死，不是不知死。」

「但是……」

「但是，」他不讓我揷嘴，馬上繼續說：「還有一種人才眞偉大，不但不怕死，還把死當作兒戲。」

「是哪種人？」我給他的話搞得好奇起來。

「科學家。你沒聽說過有人認爲核電廠發生再大的意外也不死人嗎？他們不是不知『死』作何解，而是像魚一樣，見到了『餌』，而將『死』置之度外。」

竭澤而漁，明年無魚

研究毛澤東的人曾經很留意他的軍事貢獻，說他是近代游擊戰爭的鼻祖。他的一句話給了不少人很大的啓發，那便是：人民是水，游擊隊是魚，魚要生存，必須靠水。

英國的戰略專家得到了這話所給予的啓示，於是想到怎樣對付游擊隊的辦法，那便是把人民全部強逼遷移到由鐵刺網圍繞起來的戰略村，把人民和游擊隊隔離，這便叫做：竭澤而漁。這方法在馬來西亞實行，後來還照搬到英國在非洲的殖民地肯雅。美國也從英國的經驗得到啓示，在越南如法炮製，大搞戰略村。

捉魚的方法很多，如果把古今中外所有的方法收集起來，眞可以成爲一本非常精彩的書，而「竭澤而漁」這方法無疑是古今中外最流行的。呂氏春秋早已說過：「竭澤而漁，豈不獲得，而明年無魚」，現代中國的養魚塘，也都是用排乾水的辦法來收成的。其他第三世界的落後國家，人民也都用這辦法捉魚。記得數年前曾看過一齣電影，叫做「世界獵奇」，片中有一「奇景」，那是馬來西亞土著在一個排乾水的池塘捉魚，泥漿深過膝部，混身泥濘。拍這電影的人把這當成奇景，比起西方人把電儀放到水裏，魚遭電擊後浮上水面來的捉魚方法，兩者對照，也的確使人發笑。

正如左傳所說，這種「竭澤而漁」不是個好辦法，後人也把那些不顧後果只顧眼前的人形容爲「竭澤而漁」。

人類進步了，科技昌明，捉魚的方法也屢有進步，雖然第三世界國家仍存着不少「竭澤而漁」的現象，但這是出於無知與科技落後，不得已而出此道，有辦法是不會如此幹的。

先進社會的捉魚，不但不會「竭澤而漁」，而且還把捉魚當成一種高尙的 Game，這個 Game 不應翻譯成「遊戲」，應作中文裏的「術」字解。要培養玩這個「術」必須靠天資，豐富的知識，熟練的技能，而且更重要的是遵守規則，公正不邪。一句話：「術」不單是鬪力、鬪智，還要鬪紀律。不管你是玩 Power game，或是玩 War game，又或是玩 Fishing game，都應遵循「術」的規律來玩才有意義，否則，人便會倒退到原始社會，赤膊上陣了。

War game 的發展，跟 Fishing game 一樣，也都有低高的發展程序，起初是沒有軍隊與人民之分，也就是全民皆兵，這樣的戰果便變成了「明年無魚」，贏了仗也只得個「殺」字。到了奴隸社會才想到把戰敗國的人民捉來當「勞力」，於是 War game 便更推進一步，只把戰爭局限於二軍交鋒，與人民無尤。把人民與軍隊劃分界限是要把戰爭的殺傷率盡量減低，這種發展在古希臘的歷史中最明顯，軍民不分的戰爭結果搞到斯巴達城邦的備戰精神竟達到瘋狂狀態：孩子生下來達不到要求的磅數竟然要立即毀滅。為了杜絕這種狂態，古希臘人也就發明了「奧林匹克運動會」來取代戰爭。當然，這只是古希臘人的一種理想，後來並沒有人用運動來取代戰爭。不過軍民劃分確是近代西方文明的一大貢獻，而且還有一大套戰爭國際法來約束交戰雙方。毛澤東的「魚與水」的搞法，顯然是 War game 的古法今用，英美的「戰略村」便是以「竭澤而漁」奉還。如此軍民不分的 War game，用在對付外敵，還可用「壯哉！其民」來美化一番。若是用在內戰方面，則「生靈塗炭」了。看到了一物的兩面，便可見到中國軍事現代化的急逼，其中第一要務便是把軍民劃分清楚，否則別人不能滅你，你會自滅。君不見，有史以來打內戰，中國是透支最多的國家。

記住呂氏春秋的話：竭澤而漁，明年無魚！

一九八六年十月一日

會橫行、沒血性的螃蟹

在餐廳吃飯，聽到鄰桌有人談論螃蟹，蠻有意思。

甲似心有所思，問同檯伙伴道：「你們常吃螃蟹，可知這些傢伙怎樣行路的？」

乙立刻道：「人人都知道螃蟹是橫行著稱，而且比人多出三對腳，可見其霸道之處！」

甲又道：「你說的不錯，但你可知道這傢伙為什麼橫行？」

乙給他一問，良久答不上腔，同檯伙伴也不發一言，可見全都被難倒。我覺得這問題果眞有趣，螃蟹爲什麼只會橫行？只懂走歪路不懂走直路？難道是腳向橫生的結果？不，應該說是牠的身體向橫生所使然，又或者是……。

這時甲又道：「我又來問你們，」甲一面指着桌上一盤螃蟹殼，說：「這傢伙是不是有頭的？」

赫！這又是一個奇怪的問題，說這傢伙沒頭嗎？可又長着一對眼睛；說牠有頭嗎？那豈不是沒有身體？不論你怎樣說，這的確是個難題。不料，乙又開腔：「你說牠有頭無頭都可以……。」

甲搶着道：「這不是一個好答案，也不正確，牠明明是只長眼睛，不長頭的。」

「何以見得？」乙似不服氣。

甲道：「道理很簡單，因爲螃蟹根本沒有腦筋，可見牠沒有頭。不要以爲牠有一對眼睛，便有一個頭，這個蟹殼不是牠的頭，而是牠的身軀。牠沒有腦，所以不必有頭，只把眼睛長在身體上，所以便只會橫行！」說罷，甲還用筷子挑着蟹殼，追問着同檯伙伴：「你們告訴我，牠腦子在那裏？」

同伴大概都不是生物學家，所以沒有人答得上這問題。我自問愛好釣魚，也相當懂得魚性，也給這問題難倒，心想：在亞洲的螃蟹，體小，找不到牠的腦子，不足爲怪。奇怪的是，連阿拉斯加蟹王，橫可達十六呎，每條腿都有肥厚的蟹肉，也都找不到牠的腦子，可見甲的說法有道理。但沒腦子與橫行又有什麼關係？果然，我想這問題時，乙也早想到，只見他追問甲道：「沒腦子與橫行又有什麼關係？」

「哈，你還不明白？你和我有頭有腦，凡事都會思前想後，因此沒想到橫行，即使想到，也會照正常跑，不然會把自己的腦筋搞昏！」說罷，甲還用筷子挾起了一個蟹殼，作勢道：「只有這傢伙，沒頭腦，可以隨意向橫行。左邊有利益便往左跑，右邊有利益便往右跑。」說罷筷子上的蟹殼終於落到了坐在他右邊的乙的碗上，引得同伴都笑起來。

不等同伴的笑聲終止，甲好像要追打橫行的螃蟹似的，一點也不放鬆：「牠不但會橫行，還長得一副騙人相：牠的兩隻眼睛朝着你望，你以爲牠也和你一樣，是向前跑路的，待你迎過去時，牠早向橫跑了。還有，牠兩隻手正面長得像一把鉗，你以爲牠孔武有力，而且準備正面交鋒的樣子，其實這都是騙人的東西，牠的兩隻鉗只是用來遁跑的，有需要時會留下兩隻鉗，逃之夭夭。你以爲牠會痛苦？那你錯了，轉眼牠又生回了一對，旣會一再重生，何來痛苦？不像你我，失去手腳，只此一對，那才致命呢！」

乙聽到這裏似想挿嘴，但甲談得興起，那容打岔，繼續滔滔不絕：「這傢伙還有一個特性，你可知道？」甲指着乙，乙料不到又有這一問，登時又瞠目結舌，不知如何作答。甲又得意地說：「不知？讓我告訴你。你劏魚時，不是都見魚血的嗎？可是你殺蟹時，可曾見過蟹血？所以，這傢伙不但會橫行，而且還是沒血性的動物呢！」

乙終於等到甲頓一頓的機會，馬上挿嘴問：「你把螃蟹講得這麼沒血性，又那樣橫行，看來牠是難得有尅星的了？」

「那你就沒想到了！」甲還是勁度十足：「牠愛在摸黑活動，連圓月的光也不高興，所以當牠碰上蚊子……。」

「蚊子？你不是說牠沒血性的嗎？蚊子能在牠身上吮到什麼？」乙疑惑道。

「這個……我可說不上什麼原因，總之，蚊子愛在螃蟹眼上叮，偏牠又是不長眼簾，逃不過蚊子，給蚊子一叮便沒命，這大概是邪尅邪吧……。」

我還正想聽下去，但同桌的朋友早叫伙計「埋單」，一時想到要爭付賬，只得收拾自己的思緒，專心應付一場「埋單」的爭奪。從餐館出來時，我還想着剛才那羣人的談話，也都想到中大聯合書院餐廳牆上曾掛着一幅齊白石的寫蟹畫，簡單幾筆便把幾個螃蟹活靈活現地畫出來，旁邊還加上一行小字，也都是指牠橫行之類的話。在餐廳用餐的時候，這畫使我彷彿常常見到橫行的螃蟹活現眼前，正如甲乙這一羣人所指的：沒頭腦、沒血性、只懂得橫行，漲潮牠曉得游，退潮牠曉得爬，還懂得替自己造「山頭」……使我想到好多好多的事來……爲了怕用餐時想得太多東西而倒胃口，我祇好少去這餐廳用餐了。

＊一九八六年十月十日＊

精神文明

話說東海龍王這日早朝，照常聽取文武百官上奏，其中能躍龍門的鯉大臣迫不及待地游出來奏道：

「啓奏我王，最近臣游上長江，見神州正在搞『精神文明』，很有意思。」

龍王見奏，覺得蠻有意思，問鯉大臣：「神州爲何要搞『精神文明』?詳細奏來。」

鯉大臣見龍王感興趣，高興道：「搞精神文明爲的是配合經濟改革，因爲自神州搞經濟改革、門戶開放以來，神州有人不大自律，貪財貪色貪游……。」

龍王打岔問道：「貪財貪色有聽過，貪游倒沒聽過，是什麼一回事?」

鯉大臣見龍王眞的留心聽，更覺高興：「貪游指的是神州有人愛用各種名堂藉故到外國旅游，以此增加自己的身份地位，崇洋之勢，幾乎一發不可收拾。所以便要搞精神文明，以防西方崇尚物質的文明污染神州的共產文明。」

龍王聽到這裏，非常同意神州的做法，卽刻宣諭：「衆大臣聽着，神州的做法很不錯，崇尚物質文明的結果，人變得樣樣貪，將來豈不又要走上人吃人的世界？我海洋世界一向魚吃魚，非常野蠻，理應也來個精神文明的運動，你們有什麼意見嗎？」

鱷大臣一向冷靜，想問題也快：「上奏我王，臣認爲要杜絕魚吃魚的野蠻文化，良策是像臣這樣，變成水陸兩棲。因爲要大家不吃魚，只得到陸地上去，到了陸地，認識了那裏一切動物，便把自己吃的局限大大解放了。我王不見臣上了陸地，認識了人，機會來時，臣逮人也拉下來生吞。」

龍王覺得鱷大臣的建議不錯，馬上點頭稱是，可是龍王面前絕大部分大臣都是水棲動物，那會同意鱷大臣的話，於是齊聲議論，紛紛表示不滿，有魚趁吵雜中罵鱷大臣懷有陰謀。龍王見各大臣不贊同，便要大家繼續表示意見。

海洋世界那麼大，風險那麼多，要生存，大家都各有一手，有的建議「生多求存」，有的建議「以大求存」，有的主張「找仙人洞」的辦法，眞是不一而足。最後還是豚魚指出了「魚吃魚」的關鍵問題，只見豚大臣振振有詞道：

「魚吃魚是逼不得已，我王不見，當大家吃飽了，不都相安無事？再不魚吃魚嗎？人的世界，人不吃人，已有相當長的歷史了。這發展的關鍵，不單是靠鱷大臣所說的辦法，把吃的局限解放，更關鍵的是靠擁有權的發展。有擁有權便有物資的累積，有累積便有財富的發展，社會有足夠的財富便有足夠的文明，因爲財富足是社會安定的保證。反之，便要人人自危，沒有足夠的社會財富，便沒有足夠的社會安全，因爲一旦碰上什麼天災，人禍便會跟着來。神州的歷史充滿天災人禍，關鍵是在擁有權沒有好好發展，更遑論好好發揮，這正是由於神州輕視商業，一個「重農抑商」，一行便是二千多年。不能發揮商品經濟，便大大局限了擁有權的發展，更摧毀了社會財富的累積。反之，西方社會的近代發展能有什麼工業革命、財富的巨大累積，正是靠商品經濟的發揮。所以，依臣的看法，神州也好，我王天下也好，要搞什麼精神文明，首先便得發揮擁有權，公有私有，不是問題，單是抽死人稅一項便解決了大筆財富分配不均的問題。更關鍵的問題是不能怕私有而搞到無有！不是嗎？我王天下搞到魚吃魚，正是因爲魚不搞私有，不能有累積，餓了便魚吃魚了。」

一聽到搞財富累積，還說公有私有都沒關係，左口魚便馬上帶怒跳了出來：「搞財富累積不講公有制，是剝削階級的陰謀，不是文明社會的做法。」

一向大小通吃，心廣體胖的鯨大臣馬上道：「當你吃不飽時，還講什麼文明，精神文明的先決條件，是先搞好物質文明再說。」

身懷「打砸搶」絕技，一向不怕沒得吃，不必靠累積財富的鯊大臣這時也衝出來頂撞鯨大臣：「愈窮愈易觸發革命，這是天經地義，也是我們龍宮世界的傳統，你不依這傳統，是要造反嗎？」

鯨大臣偏是體大耳小，乍浮乍沉，聽覺一向有問題，倒沒給鯊大臣的話激怒。倒是龍王見鯊大臣開了腔，難有文明的爭辯，因爲講文明改造不能有他在場，於是只好退朝，改日另立小組，專責討論這文明問題。

寓言一則

有一位朋友看了我釣魚的文章，說是有點寓言的味道，我馬上說這不是寓言，起碼寫寓言不是我的原意。

眞正的寓言，這裏倒有一則：

話說有一位愛護動物而且熱衷於保護動物的科學家，爲了他的神聖使命，作全球視察的旅行。這日他來到了那比天堂還要美的灕江，在這麼秀麗的風光裏，他居然看到了一幕使他不忍卒睹的事。他看到一個漁翁安坐在一艘小船上，他自己不捉魚，卻差使在船上的幾隻鷺鷀下水去捉，爲了不使這些鳥兒把魚吞下去，這漁翁在每隻鳥的頸項上繫上一條絲線，這在愛護動物的科學家看來，便是虐待動物。因爲在他整個保護動物的抱負中，最令他覺得光榮的便是保護鳥類，而他最寵愛的也就是鳥類。

他馬上趨向小船，但他不問這漁翁，因爲他怕這漁翁不講老實話，漁翁是虐待者嘛。他盯着鷺鷥問：「他們把你的頸項如此綁住，叫你下水捉魚，是多久的事了？」

鷺鷥吱唔了一陣，不太清楚地說：「嗯……我記不清楚了，大概是一二千年的事了吧？」

「赫！一二千年的事了！你竟能忍受？」說罷這科學家馬上下定決心，把這當作一個案件，將這鷺鷥帶到國際仲裁庭去，好讓全世界聽聽這鷺鷥的控訴。

爲了表示對當事國公正，這科學家不請其他愛護動物的科學家主持仲裁，而是請了其他也是善於捕魚的鳥來主持這仲裁。由於以捕魚爲生的鳥不少，所以這邀請並不困難，海鷗、老鷹、赤鶴、山翠、鷓鷹很快便自動作義務裁判。科學家很滿意這五位的組合，因爲海鷗善於飛翔四海碧空，是自由的象徵；老鷹兇殘，管它再大的魚，一爪上天，有個性、有氣魄；赤鶴的一雙長腳說明了如不受人壓制，連雙腿也會進化到站在水上便可捉魚；山翠不但善於俯衝捉魚，而且還能言善唱，是最好文藝晚會的演員，如要搞什麼晚會作解放鷺鷥的宣傳，少不了牠；鷓鷹鳴聲淒哀，如當事國不解放鷺鷥，牠便是最好的鳴寃代理人。

開庭時，海鷗最先發言：「讓我來問你，鷺鷥你還懂得飛嗎？」

鷺鷥將兩翅拍拍，說：「問題不大。」

可是海鷗見鷺鷥拍動幾條殘毛，便疑惑地問道：「不是能拍翅便算數，還要飛得漂亮，飛得自由自在，要高便高，要低便低。」說罷海鷗便當衆飛了一周，然後落在鷺鷥面前，說道：「這叫做飛，你知道麼？否則 Richard Bach 怎會將我當成是會飛的自由象徵？」

鷺鷀見海鷗一身輕盈的飛姿，自嘆不如，只好喟然。

老鷹一貫豪氣，搶着說：「不但要像海鷗那樣飛得自由，而且也要像我那樣飛得豪邁。」說罷拍一聲便衝向雲天，老半天才飛回來，神氣地問鷺鷀：「你懂得這樣飛麼？」

鷺鷀怯怯地說：「大有問題。」

老鷹接着說：「你也是捉魚的，我來問你，你捉大魚還是小魚？」

鷺鷀仍是怯怯地說：「捉大魚也沒用，自己呑不了，所以我只捉小魚。」

老鷹追問道：「爲什麼呑不了？」

鷺鷀說：「主人把我頸項綁上絲線，呑不了。」

老鷹聽了勃然怒道：「怎不用你的利爪回敬你的主人？」說着用兩爪抓着石塊，弋弋有聲。

鷺鷀細聲道：「我已不再生爪，退化了。」

老鷹道：「那你眞的有問題。我不問了。」

輪到赤鶴問話，牠說：「說到生不生爪的問題，我來問你，你與我應該同宗才是，怎麼你的腳生得比我短得多，是不是也受到了什麼環境壓逼，退化了？」

科學家搶着答道：「應該是如此！」

山翠一直沒有開口，爲免自己快要變啞吧，馬上道：「鷺鷀，我來問你，你唱不唱歌？」說着便馬上唱出清脆悅耳的歌聲，說：「每在捉魚前，我總愛唱唱歌，因爲這樣做可以讓人知道你不是啞吧，有事時是會投訴的！」

鷺鷀見牠們又會飛又會唱，不禁辛酸起來：「我在捉魚前，頸項早已給人綁住了，那還能唱？」

鷓鴣的拿手本領便是鳴聲如鳴冤：「你飛不好，不打緊，我也飛不好；你不會唱，不打緊，我也不會唱。要緊的，你不要告訴我你連像我這樣的本領也不會吧？」說着淒涼地長鳴一聲。

鷺鷀搖搖頭，說：「這也不會。」

大家見了這情景，一致表決，說鷺鷀是 Endanger Species（受害鳥種），牠的遭遇應可到聯合國「翻案」。可是這案到了聯合國，翻不成，一是因爲當事國在聯合國有否決權，二是這問題屬於內政，任何其他國的人都不能過問其他國的內政。

鷺鷀見五鳥氣憤，安慰道：「問題不大。」說罷，照常作業，頸項仍舊是繫一條絲線。

＊一九八六年十月十五日＊

補魚

中國人的忍，可以從「忍」字上體會出來。一把刀揷在心上，被揷的人還耐着不死、不叫，這便成了一個「忍」字。這個字啓發了不少歷史上的名人，他們受盡了折磨，但仍然忍辱負重保存生命，等待轉機；即使身故，也留下了英名。孟子的「天將降大任於斯人也，必先苦其心志，勞其筋骨，餓其體膚，空乏其身，行拂亂其所爲。」；勾踐的「臥薪嘗膽」；蘇武的十九年塞外牧羊；文天祥的「正氣歌」等等，所表揚的基本精神，不外乎是「忍」。於是，「忍」在中國的政治哲學上備受推崇。

知識界如此，連平民在忍的修養上也毫不遜色，這可以從他們吃的文化中去體會。比如說吃魚，生魚與鯝魚（港人稱塘石）在西方人眼中應是下等魚，可是在中國人心目中卻是「補魚」，是魚中的極品。

所謂「補魚」是指吃了這種魚對人體有滋補作用。什麼叫「補」？在科學上並沒有什麼根據。可是中國人一般相信這兩種魚是有益身體，因爲這兩種魚最能忍受惡劣的環境。記得在小時候，我常常盼望乾旱季節的來臨，因爲這季節一到，池塘都乾了，我便可跳進池塘裏去摸生魚及鯝魚。牠們在泥漿裏非常勇猛靈動，不容易捕捉，起碼要消磨大半天，才能把牠們一一捕獲。這時小孩高興，大人也都高興，因爲大家都相信這種魚吃了是可補身體的。後來，到了北美求學，那裏沒有生魚，但卻是有不少鯝魚，當地人稱牠爲 Bullhead 。初到北美，見當地人釣上了鯝魚往往棄之如賤物，問其究竟，才知道他們嫌這種魚專愛在水底食不乾淨的東西，是屬於「髒魚」的一類。

我說：「東方人當這是補魚！」

他們卻斷然否定，說沒有這回事。

我想中國人將這兩種魚視爲補魚，只因爲這兩種魚具有高度的忍耐力，能在乾旱缺水的泥濘及非常混濁的水裏也能長期生存，這在中國人看來，便認定牠們身體內有一種能忍的特質，人吃了牠，便可得到這能力。因此，中國人所謂補，也就是能忍的意思。能忍的魚是補魚，能忍的人也就是有修養的人。一般人自覺沒有這修養，便只得借助於這些補魚，希望因此能更有忍耐力，活得更長命一些。

反之，西方人所喜愛的魚，往往是能游得快、跳得高，愛在清水生活，以及出水便死的魚。他們不覺得魚在出水後多活幾個小時有什麼了不起，以他們的科學見解，反而是出水愈久，愈能存活的魚，便愈不妙。因爲牠們的肉受到過份的衝擊，過份的磨擦，早已開始鬆弛，失去了原有的彈性，也就少了營養。所以無論我說鯽魚的生命力是怎樣強、對人體怎樣補，洋人總是不信的。

如果說吃能反映一個社會的文化，吃補魚的文化正反映出中國人民最需要補。補什麼？補身體。身體最需要什麼？最需要是「忍」，因爲中國社會從奴隸社會到封建社會，又從封建到現在的所謂「半封建」社會，眞是太多太多叫人忍不住的事。可是，這都是非忍不可的，因爲病或死只是個人的事，若是惹上官非，冒犯官府，嚴重的會連累家人，想到這一層便只好忍氣吞聲。在長期鬱悶、長期壓制下，搞到身心不健康，只好進補。生魚和鯽魚只是多種補品的其中兩種而已。想到這一層，兒時所見的生魚、鯽魚在泥濘中求存的忍耐力，使我更形象化地看到了中國社會的忍耐力。

一九八六年十月二十八日

吃魚的故事

文革的禍害，據一些經歷過的人說，其恐怖性是難以忘懷的，經過十多年後，還經常在夢裏重睹當年慘況。巴金因爲受過這禍害，痛恨絕之，爲了讓中國的兒孫永遠記住這次禍害，他建議建立一座「文革禍害博物館」，永遠警惕後人。

這是個好建議，如果眞的要建，這裏還有三件小事，寫下來或堪置於館中。

我有一個朋友，在香港開設工廠，生意做得很大的。大家都奇怪，像他這麼吃得開的人，按香港商界排場，請客吃飯，一定少不了魚鮮，偏是無論請客或作客，他都絕不叫魚這道菜。

起初大家以爲他從中國出來，節儉慣了，不叫昂貴的魚鮮，可是與他相熟的人卻發覺不是這麼一回事。他在吃方面，一餐數千元是常事，偏是廻避魚這道菜。怕魚骨？怕魚腥？或是對魚有敏感症？朋友都在瞎猜，於是追問他，不料，他連談魚也色變，那種尷尬的場面，見過的人都再不敢追問了，但在背後卻引起更多人的議論。

一日，他約我見面，說是看了我寫魚的文章，要把他談魚色變的經歷告訴我。我本來不想讓他回憶痛苦的經歷，但他卻堅持說：「說了讓當今的領導人警惕一下，也該是好事。」

爲了不想讓他讀了這文章再度加深他的痛苦回憶，我只略略覆述事情的經過。

原來他經過文革的禍害，這才談魚色變的。整鬥他的人，把他打入地富反壞一類，要他一組十個「人犯」在批鬥人羣面前，採用「俄羅斯輪盤」辦法，公開吃毒飯，飯裏滲了毒魚，一次只一碗飯有毒，一天毒死一人。如此熬煎了五天，他受不了，心想反正是死，不如潛逃，也許能逃出生天。果然，他逃出來，安全在香港「抵壘」。

另一個「吃魚」的故事是發生在一個歸僑身上，這人在五〇年代因反殖民地搞到打警察，被捕入獄，僥倖越獄成功，輾轉逃到印尼，然後潛返中國。文革期間因海外關係被隔離，他一時不服，說了些「反動」話，被捕下獄。在獄期間受盡各種刑罰，例如關在黑牢、雙手綑在背部、鞭打等等。但他說這些都還不算恐怖，因爲沒有直接感到死亡的可怖。一次，批鬥他的人居然在飯裏拌了雪白的魚骨，要他硬吞。當時他雙手被綑，魚骨又梗在喉中，那種慘痛的煎熬，眞使人感到死亡就在眼前……他相信自己命硬，否則，他說他早就完蛋了。

第三個「吃魚」的故事是發生在一個大學教授身上。在文革期間，他自願插戶到一個偏僻的窮鄉。到了這個窮鄉，他眞不敢想像世界上竟有那麼窮困的地方，鄉民窮到吃樹根是常事。他說在一次的「憶苦」餐上，整個屋子漆黑，而整條村也都被黑夜籠罩着，一伙人圍住桌子，中間有一鍋煮好的由蕃薯苗曬乾的「菜」，大家便往這鍋裏挾取這「菜」。他說新鮮的蕃薯苗連猪也懶得吃，不要說是曬乾了的。但爲了要「憶苦」，大家也都爭相下筷，表示吃得苦。在黑暗中，他突然嚐到了一點似是魚的東西，但革命的氣氛立刻使他意識到這口東西不妙，於是馬上從口裏把這東西吐出來，他感到這大概是一條小小的魚。魚在這地方出現？他更覺得大大不妙，於是他立刻放下筷子，莊嚴肅穆地向大家宣布，他必須向黨交心，他說：

「我挾到了一條小魚，我知道不應該把這東西吞下，爲了黨，爲了貧苦人民，我必須把這東西吐出來，好向黨與人民交心！」

他說這一幕救了他，在以後的日子裏，他的揷戶生活倒也不太難過，因爲他沒有私下吞了這條小魚，農民在這條小魚身上測試了他對黨與人民的忠誠。

這三個故事如果放在「文革禍害博物館」，雖算不上什麼轟動，但也不致太不得體，因爲旣然巴金那麼熱心倡議建立博物館，爲對他老人家表示衷心支持，於是便把這三個「吃魚」的故事寫出來。

＊一九八六年十一月四日＊

馴鱷記

鱷魚的本領要在水裏才能發揮，鱷魚的凶惡也要在水中才能見到。鱷魚雖然是兩棲動物，但牠知道自己的弱點，一旦上了岸，能力便受到限制，所以從來也不發惡，而且也都知道怎樣溫馴。例如會溫馴到掉那著名的「鱷魚淚」、會張開嘴巴讓鶴檢食牠的「牙慧」、會讓猴子爬到牠背上躍跳如一根朽木。這些都是鱷魚天生知己知彼的能力，也許是因爲牠一向用慣權謀，知道什麼是風險吧！

可是一旦在水裏時，鱷魚可再也不是那一張溫馴的嘴臉。當牠把一個人，或一隻猪（屬性天生善游）咬在嘴裏，衝出水面，仰天又咬又呑，那種血淋淋的場面，遠比大白鯊把人往下拉，然後湧出一泡血水的情景要可怖得多了。更使人感到可怖的，是鱷魚游水不起波紋的本領，那種不動聲色，突然出現，才叫人防不勝防。一般惡魚、大魚，多在深水才能活動，鱷魚則不需要深水，甚至二三呎水深，都已足夠牠兇惡地活動了。

鱷魚既如此險惡，但牠並不如一般惡魚那般沒頭腦。單是從牠懂得到百鳥羣獸棲息的富庶沼澤區來「搵食」，便可知牠的頭腦的確很靈。因爲這樣的沼澤區是鳥獸天堂，牠們明知這裏會有難，但爲了「搵水」，也得冒險。

話說這日羣獸羣鳥，眼見鱷魚在牠們富裕的天堂活動，因此開了一個會議，想辦法來應付鱷魚。

會上有獸提議用民主方式，君子協定，與鱷魚約法三章，不准鱷魚上岸來，如眞要上岸，不准牠在岸上搞流血事件。

但鱷魚爭辯道：「水與我雖分不開，但我也是陸地動物，這是我的主權，我要來便來，誰也阻不了我。」

羣獸聽這分辯也都覺得有理，牠是陸地活動的，那能叫牠不登陸，那是剝奪牠主權的事，幹不得。於是一時都靜下來，不知如何答腔。猴子這時從樹上跳下來，想爭論什麼，但鱷魚把尾往空中一揚，喝道：「你是在樹上活動的，你吃在樹上、睡在樹上，這塊地不屬於你，你沒有發言權。」

猴子被喝回去之後，大家更被嚇得靜下來，好一會沒有人答腔。倒是鱷魚機靈，反正知道陸地不是自己施展本領的地方，於是照常地上了岸，懶在那兒，張開嘴，伸直尾巴，顯得一派溫馴情態，說：

「這裏繁榮可愛，我那裏會來糟塌這塊地，大家如果不信我，大家要立法三章，我也不反對，你們自個立好了。」

大家見鱷魚那麼可愛大方，不但不反對立法三章，而且還讓大家自由討論，好不高興，於是便立刻七嘴八舌，熱烈討論。

在討論裏羣獸羣鳥遇到了許多問題，首先是大家都覺得這地方富庶，是「撈世界」的天堂，但可又不是大家的家。猴子來此，喝了水跑了，爬上樹去睡覺；鹿也如此，來此只爲喝水，家可不在此。衆鳥更不會在這裏過夜睡覺。總之，說到底，誰是這裏的「屬土公民」也都幾乎成了問題。

再談下去時，羣獸羣鳥發覺了更大的問題，原來大家連開會議論的基本民主程序也都得不到一致的見解，最後還是入水善游，一向怕鱷魚的猪提議道：

「依我主張，我們這樣一個富庶的地方，最怕是那撈什子『民主政治』，什麼一獸一票，看來是平等自由，其實眞是個笑話。獸有聰明笨拙，聰明的會想、會分析事理，笨的不會，如此一獸一票，試想笨獸多過聰明獸，如此由笨獸表決，會選出什麼好政府來？所以我主張還是由聰明伶俐的精英互相選舉。何況這裏之所以成爲羣獸羣鳥搵食的地方，其繁榮正是由聰明的精英統治所搞起！再由精英統治，是順理成章的事。」說罷，猪手指着猴子說道：「我相信猴子大哥一定贊成我的說法。這裏的繁榮算他功勞最大，如果沒有牠站在樹上高叫，看清鱷魚的動向，給大家安危訊號，這裏早成了鱷魚的天下。所以，我說猴子大哥雖不把這地方當是牠自己主權所屬，但牠也算得上是這裏英明的精英統治者。」

猴子聽了豬這一番話，當然喜形於色，但牠更高興聽到的是豬的一套精英統治繁榮論，因爲也只有牠才深深體會到猴羣的能吵善叫，是多麼難統治，做這猴羣的統治者多不容易。至於是「好統治的獸產生好政府」抑或是「難統治的獸產生好政府」，牠早心知肚明，但也只能「心知肚明」，不能爲豬道也。於是卽刻表示贊同豬的「精英統治論」。由於平日大家都有感於猴子拒鱷有功，又從豬的身上體現出和平繁榮，豬猴如此倡議「精英統治」，大家也都沒有什麼異議。

可是，鱷魚的可怕並不因爲豬猴的「精英統治」而消失，羣獸羣鳥深知這裏的富庶，多少是與這裏的「精英統治」有關，但「精英統治」卻與拒鱷無關，不是嗎？如今鱷魚要上岸，何嘗不就上岸來了？管你這裏的統治是什麼精英不精英。

於是大家在眼見鱷魚決意上岸來已成了定局時，那些長了大翅膀，只把這塊地當過境棲息的候鳥，首先拍動翅膀飛了，其他的走獸，尤其是牛、鹿，因爲靠這裏水源養命，不能一走了之，於是仍留着大吵小鬧，說是怕鱷魚在此搞流血事件。作出了那麼多的承諾的鱷魚，見羣獸羣鳥仍不信任自己，早已有點按捺不住了，於是也不時發出警告。

鱷魚的警告，首先驚嚇到那一向精靈的猴子，爲了好好按住鱷魚的脾氣，猴子立刻叫能善撿鱷魚「牙慧」的、會飛但飛不高的鶴，加緊在鱷魚牙縫中工作，好叫鱷魚覺得舒服，把口張得更大，但不再說話。而猪善哭，偏是不流於淚汪汪，可見抹淚有方，便派去替鱷魚抹淚。爲了盡忠職守，任怨任勞，猴子也親自出馬討好鱷魚，在那最著名的鱷魚皮上擦個不停。由於這些討好的工作使鱷魚覺得非常舒服，脾氣也一時不知去了那裏，讓羣獸羣鳥見到了一副鱷魚懶洋洋躺在岸上的可愛相。

只有在水裏與鱷魚共天下，常見鱷魚搞流血事件的魚羣，才眞正體會到鱷魚搞流血事件是由生存意念驅使，不靠脾氣好壞作主。

一九八六年十一月十一日

讓魚回到長江來

上海傳來的報導，說長江魚產甚豐厚，過去每年能爲國家帶來幾十億元的收入。可是由於種種原因，近年來的魚產卻直線下降。觀察其下降數字，也的確驚人。以一九七五年跟一九八五年作比較，長江鰣魚由年產一百五十多萬公斤落到三萬一千多公斤；刀魚由四億多公斤落到十一萬五千多公斤；河蟹由十一萬五千多公斤降到一萬二千五百多公斤。這些都是較爲人知的時鮮的遭遇，至於那萬千其他較鮮爲人知的魚類資源，相信受破壞的程度也一樣可觀，例如珍貴的白鰭豚、容易絕種的鱘魚，其命運已到了危急的邊緣。

單是從幾十億元的收入來看，問題不大。錢嘛，這裏賺不到，往別處想辦法，總會有生路。然而，一旦你從生態破壞、河流污染的角度來看問題時，那便不是錢這麼簡單的問題了。河流的污染，如屬工業污染，可以由水轉入人體，或間接由動物肉食轉入人體，輕微的損害，可能只是短期性的病痛，嚴重的，可能導致下一代的腦功能受破壞，從而產生日本式的怪病，新生嬰兒會老不會大，臉上只有一情（不會哭也不會笑，不苦不痛之類的可怕相）。想起那孕育了中華文化的功績，使人眞正擔心長江的將來命運。如果搞到不好，文化的長江、英雄的長江、夢裏的長江，會變成毒害的長江、猙獰的長江、惡夢裏的長江。

這裏且看看加拿大英吉利河的惡夢。

英吉利河原本是印地安人的生命之河，這河流域住了幾個部族的人家，他們生於斯，食於斯，靠這河養活。魚產之豐，獵物之盛，是族人無求於白人世界，自己獨處一域，過着世外桃源生活的憑依。

可是在一九七〇年代初，這裏的印地安人卻發覺他們的初生嬰兒會老不會大，臉無表情，也不會說話。這病好像流行性感染，不只一家有這情況。後經醫生診斷，初不明所以，後來經多方研究，才發覺這裏的嬰兒病徵與日本發現的一樣，斷定是由於工業污染所致。原來這條河的木材資源曾被開發爲造紙工業，工廠把污水傾入河流，其中含有大量水銀，毒污了魚，由魚進入人的食物，孕婦的毒害最易由其下一代初生嬰兒顯現出來。當這事初發現時，因爲太可怖，傳出來恐怕對政府影響太大，而且對工業發展也不利，消息曾一度被封鎖。可是涉及醫治的醫生具有高度的人道立場，不顧一切，把事公諸於世，這才引起公衆的關心。政府在壓力之下，也不得不認眞對待這問題。

從六〇年代後期開始，美加已對河湖污染問題有深一層認識，但這已是遲來的認識，並無助於整個北美說不盡的禍害與損失。舉個例來說，那著名的五大湖被工業廢料污染到連水也要經過處理才能飲用，而魚類更是少人敢食，政府勸告孕婦絕對忌食。由於工業污染，湖裏藏了大量的水銀毒，兩國政府每年同意花上數以億計的金錢去清理，也只是虛應一應的做法而已。那數以億計的林立工業，團團圍住五個大湖，是任何政府都沒法一紙下令就加以驅逐的，因爲這些都是他們的經濟命脈。如果當初能認識這種工業污染破壞極大，他們是不會走上這一步無以補償的錯誤，搞到今天無法回頭。

長江魚產的急劇下降，說明了魚越來越少。據專家分析，除了捕撈缺乏計劃，與長江主支流的水利工程影響繁殖之外，污水傷害魚類也是一大主因。據這篇報導顯示，長江沿岸各城市的污水大量排入江中，單是南京一市，每天排入長江的污水達一百五十萬噸，其中百分之九十是沒有加以處理。上海市污水的日排量更多，日達四百六十萬噸。如果加上武漢、重慶這些大大小小的十多個城鎮，其污染更可想而知。

過去十年裏，中國剛開始從文革中靜下來搞現代化，而現代化的最大努力，也就是工業發展。由於中國資金缺乏，在開展科技與引進科技方面，勢必在在想方設法減低成本，這一來便很容易在設廠方面省下那昂貴的處理污水開支一項。再加上中國在歷史上慣於把城鎮建在大河兩岸，居民點聚於河流沿岸的現象。如今搞工業建設也都很自然地集中在這些河流上的城鎮，如果繼續發展下去，到了五六十年過後，正如鄧公所說的要在這時間追上西方小康的水平，到那時的工業污染更屬不可想像的程度。所以，由於中國河流文化的特色，由於中國在傳統文化、經濟、交通等各方面，與水發生太密切的關係，我們的河湖在長江以南所構成的規模有舉世聞名的水鄉之稱，加上那遍地用人工開成的灌溉系統與水稻田園，更是舉世無出其右的多水國家。如果長江黃河受污染，這大片醞釀中國文化溫床的中原大地豈能逃出這污染刼運？

考慮到這中國水的文化深層，我們更應該加倍留意到我們的水不能被污染。美國、加拿大、歐洲先進國家處理他們工業污染的經驗雖可貴，但卻不能給我們以足夠的敎訓。因爲他們的文化不像我們與水的緣份那麼深、他們的城市不以汪流分布而蔚成、他們的稻麥農作物不以水耕爲主、他們也沒有水鄉那樣的生活。工業污染在他們來說還不是直接，因此受害也不那麼徹底。若是中國社會走向他們那樣的工業化，像他們一樣把水污染，那損害是多可怕的事？因此，奉勸中國領導，在設計現代化的進程、在廣泛搞工業的過程、在引進外國科技的工作之中，一定要考慮到我們中華文化的特點、生活特點、經濟操作特點，這特點與水的關係舉世無雙，我們一定要好好審查這些工程的污水程度。否則禍國殃民，其害深且遠矣！

雞泡魚

有一位非常熱心的讀者，用了四張信紙和我談起魚類的事，並問我爲什麼不寫「雞泡魚」，這麼有毒的東西，怎麼不寫它一筆，叫人多認識它，免得中其毒害。

好！黃先生，你說得好，我這就寫「雞泡魚」，叫人多多提防它。

「雞泡魚」是香港人慣稱的俗名，稱其爲「雞泡」也相當有道理，因爲它一出水便鼓起整個身子，皮狀如一個剝了毛而又渾身毛茹的雞那樣，所以人稱它爲「雞泡魚」，但其學名卻叫「河豚」。乍聽這個大名，以爲是與豚魚同類，其實不然。問海產類學者，也都不明白爲什麼這「雞泡魚」得到這麼一個既斯文而又掛上聰明形象的豚名，這也許就是中國人的幽默。

這幽默的關鍵就在於「雞泡魚」好像是與豚同類，其實又不配，就好像人要罵一個壞人時，叫他「僞君子」，這不是說君子沾上壞邊，而是說他不是君子，不配做君子。「雞泡魚」正是這樣，是「僞豚魚」，不配做豚魚，豚魚是極聰明的動物。據科學家的分析，豚魚的聰明連人類也夠不上，這不單是因爲豚魚會發出比人類更複雜的聲波，而且是因爲海上沒有壞的豚魚，不像人有壞人，這點便可見豚魚更有識見，個個懂得不做壞事，個個有先見之明。但卻有人做壞人，以爲別人都看不見，聽不到，多笨！豚魚的聰明在海上救人助人的奇跡中顯露出來，無怪連莎士比亞都把它寫進了他的作品中。

相反，「雞泡魚」卻劣行昭著，不但身體有毒，而且只做壞事，不做好事。凡是喜愛釣魚的人都會知道這「河豚」惡劣，它牙尖嘴利，又貪婪，吃掉了你的魚餌不算數，還把你的魚鈎咬斷。它這種咬斷魚鈎的功力，眞好似人類中的「有毒丈夫」，不但騙取名利，而且還害人。又好似那些具有一把利嘴的人，能把鐵的事實，一口咬斷，指鹿爲馬。

凡是生性愛釣魚的人，最講究「術」(game)，釣魚之樂，也就在於一個「術」字，有這個術，才好玩。術之精義何在?在於兩者之間有一種玩的規則。我抛下魚餌你能把魚餌呑掉而不致上鈎，或者上鈎了，也能夠掙脫，這樣釣魚才好玩。可是這「雞泡魚」卻不照規則，牙尖嘴利，吃掉魚餌還不算數，甚至斬釘截鐵，什麼魚餌魚鈎，一口咬斷，叫你眞像碰上趙高那樣，沒法可施，這還有什麼「術」可言，只是憑「牙尖嘴利」罷了。所以釣魚的人最恨碰上「雞泡魚」，因爲有它在，你一定被氣得半死。偶然釣上手，也都要把這東西砸死，否則它便恣無忌憚，轉身又游回來向你挑釁。

除了「斬釘截鐵」的功力外，「雞泡魚」還有一種毒行，便是愛進攻其他魚類。普通的魚，吃魚是爲了肚子需要，吃飽了便變得溫馴，不會爲了好殺而殺，而是爲了吃而殺。但「雞泡魚」卻不然，即使肚子飽了，也都照殺不誤，這爲了顯示其牙功嗎？抑或是爲了展示其毒效，這卻要由專家去研究了。總之，漁家都清楚，海上經常浮上壯健的死魚，都是這傢伙的傑作。

普通的魚，會懂得怕大魚，但「雞泡魚」因爲牙有功力，毒有殺效，所以有不怕大魚的膽量。一般的魚會懂得怕敵羣，「雞泡魚」連這也不怕，並且因爲自己游得不快，專愛游進敵羣展開其殺害功夫。

凡是愛在香港水域釣魚的人都會知道這裏有不少的「雞泡魚」。究其原因，這與香港人怕了「雞泡魚」有關。偶然碰到了它，由於怕了它的毒，連觸也不敢觸它一下，把它放走算了。即使吃了它的虧，多自嘆倒霉而已。對付「雞泡魚」日本人倒很有辦法，捉到了它，不但不怕其毒，而且當作大收穫，煮來吃個痛快。這與日本人懂得避其毒害有關，但更大的原因恐怕也與日本人的勇

猛民族性有關。不是嗎?日本人每年因吃「雞泡魚」而被毒死的人不少，但還是嚇退不了日本人那種吃「雞泡魚」的勇猛。反之，卻從沒有聽過中國人有這種吃「雞泡魚」的勇猛表現。從這個小體會，大概也可以比較出日本人與中國人兩種民族性的不同：中國平民怕有毒的東西，俗稱「無毒不丈夫」，要做大丈夫，最重要要有毒，人才怕了你、服了你。因為中國平民怕了毒，讓「毒丈夫」橫行，頂多是希望「毒丈夫」以毒攻毒，結果搞「陽謀」的人少，搞「陰謀」的人多。反之，日本的平民不但不怕有毒的東西，而且專愛吃像「雞泡魚」那麼劇毒的東西，即使沒有十足把握不會中毒，也都嚇退不了日本人。這種精神發揮在日本社會，其勇猛精神大可抵住「毒丈夫」的橫行，所以日本社會比較有紀律、重規則，旁門左道的現象較少見。

一九八六年十一月二十五日

教育選民與選民教育

最近有關香港應不應該有直選的問題，談得特別熱，叫人應接不暇。這裏有一段言論，不應錯過：

「目前所眞正需要做的，就不是推行民主實驗，而應是民主的教育，因爲只有教育，才能化解政治上的極端主義，增進民主價值與實施民主的信仰，並發展選民作出合理選擇的能力，最後建立香港式的民主政制。」

讀了這段文字，不知你會想到甚麼？我就想到了海洋公園的海豚表演。海豚智慧之高，早被海洋生物科學家鑑定了的，這不必有甚麼爭論。但海豚的聰明，對管理海豚、要海豚表演的專家來說，是不重要的。重要的是海豚能夠依着他的指揮，照著他的指示去做，這才能完成一場表演。這種要海豚當衆表演的一套教育，叫「教育海豚」，這一套教育早被愛護動物，提防虐待動物的人道主義者與維護自然的科學家所抨擊。這些人覺得「教育海豚」這一套把海豚當作馬戲班的動物，表演三幾套戲法，賺取人的喝采，叫這麼聰明的動物，放棄自由與海洋，每次爲了那三兩條死魚，做那三幾個簡單的動作，怎不叫人看了心酸。

在這些自然科學家的心目中，他們另有一套開展豚魚天才，開展豚魚天下的教育，這叫做「豚魚教育」，不是「教育豚魚」。兩者看來相似，但卻相悖。「豚魚教育」不是馬戲班的一套教育，不是叫豚魚關在一個小池裏，被餓被逼，爲求取三二條死魚臭魚而表演，而是深知豚魚有超過人類的智慧，知道豚魚本身會發出比人類還複雜的聲波類別，靠着這些聲波，豚魚在海洋裏互通訊息，安然自在，的確是快樂地過日子。爲了想得到豚魚這一套交通訊息的系統，並希望豚魚能協助人類去分析從遙遠的宇宙日以繼夜地傳來的聲波。這天外來的複雜聲波，靠人類甚麼先進的電腦，一時都未能理出一個頭緒，因此也都沒法了解這些複雜的聲波會帶有甚麼外星人的訊息。既然知道豚魚有這種過於人類的聲波系統，這些豚魚科學家便想到要發展一套豚魚教育，叫人了解豚魚的聲波，也叫豚魚了解人的聲波，如此有了共同的交通後，從中希望豚魚協助人類增進自己的聲波分析力，進而了解天外送來的訊息。這一套「豚魚教育」，既教豚魚開展其天資，從魚的世界打通到人的世界，也叫人開展其天資，打通人與魚的世界，多麼高的教育境界。這樣的教育豈可與那馬戲班的「教育豚魚」同日而語。

「教育選民」與「選民教育」，也正有這天淵之別，前者正是「教育豚魚」，後者則是「豚魚教育」。「教育選民」基本上是把選民當作無知無能，不能作出明智的選賢任能，或是把選民當作放任不羈，難以控制，所以一定要教育他們，使他們依照教導者的意旨去作出選擇，正好似豚魚依着指揮者的意念去作出表演那樣。而「選民教育」則是奉行一套理論，認爲選民基本上是明智的，只要給予提高一般的教育程度，讓他們有較高的教育水平，他們自會有能力作出判斷，去選舉賢能而又民主的領導人。

「教育選民」所持的基本態度是一旦選民不能依着教導者（或者是「先知者」）的意旨行事時，便要被加緊教育，教導無功，便要被責備，責備不聽，便要被改造，改造不成，便要被批被鬥。所以「教育選民」的背後，總要有一個政治的「先知者」，沒有這「先知者」又何來一套準則去作教材呢？一旦有了這「先知者」，便要走上思想專制、民主專政。這是「教育選民」所要走上的道路，因爲「先知者」時時刻刻都在怕選民不能作出合理選擇，又怎能放手去「民主」呢？

「選民教育」所持的基本態度是這裏沒有「先知者」的指示，領導者只有想方設法尋求最大多數人的意向，然後循這意向滿足這些人。領導者講不講究選民的教育程度高下呢？當然講，否則，「秀才遇到兵，有理講不清」，但這裏所講的教育，是一般性的開展教育，與選舉的教育沒有關係。一般性教育水準提高，選民知識水平愈高，便愈會懂得照顧自己的利益，愈能表達自己的利益意向，讓候選人能夠清楚領會到他們所送出來的「複雜聲波」，從中理出一個共通的利害關係，正如「豚魚教育」中的豚魚與科學家之間所求取的互通訊息那樣。首先由低層次的共識，進展到高層次的共識，不管「選民教育」高下如何，總有一個起點，否則，照「先知者」的要求，恐怕永遠也沒法達到他所要求的、令他滿意的教育水平。因爲他之所以是「先知者」，理所當然選民是「後知者」，以「先知」去驗證「後知」，「後知者」永遠是要被教育，永遠難滿足他的要求的。

這樣的推論會否歪曲上述所引的論者的原意呢？應該不會，因爲照他的意思，香港市民目前的教育水平，對民主生活還不足道，因爲目前市民的教育水平雖高（比較周圍環境而言），但這與民主推行無關，有關的是他說的「民主的教育」，加上他說這教育會「發展選民作出合理選擇的能力」，他既看不到香港目前的教育水平，而說「民主的教育」不足，可見他的教育是「教育選民」而不是「選民教育」。

一九八六年十二月三日

風水魚

中國人找風水，眞是無孔不入，居然也找到魚的身上來。

所謂「風水魚」，是相信某種魚會帶給飼養者好運氣，所以把這種魚供奉在家裏、店裏、廠裏。希望這種魚把一切的霉氣化爲祥氣，把惡運趕走，帶來好運，總之，這魚的工作就是鎭守着好「風水」。

這種養「風水魚」的風氣，在大陸較少見，雖然那裏是金魚的原產地，但是卻不像香港與南洋一帶養得那麼狂熱，這也許是有很多原因造成大陸不那麼盛養「風水魚」。其中少不了是因爲大陸「無產階級專政」，「頌窮」多年，誰還敢養「風水魚」來頂上「資產階級」的黑鍋？與大陸不同的，中國人到了香港或南洋各地，沒有了中國傳統的「重農抑商」壓力，也特別熱中於搞生意。據一些學者的研究，海外中國人建立的社會，在十九世紀時，比數有時竟會多到二三十巴仙的人是生意人。如果說海外中國人很善於做生意，原因大抵是在傳統的壓力下，一旦掙脫了束縛，便如饑似渴地追求錢財了。

也大抵因爲太多熱中於搞生意的人，搞到競爭劇烈，生意難做，信心大失，最後只有求神拜佛，養「風水魚」來扭轉運氣了。

考究這些「風水魚」的個性，也蠻有意思。在香港，最流行的「風水魚」要推金魚。在一些店舖裏，最是盛行把一缸金魚飼養在進門當眼的地方，似乎希望這些「風水魚」能把來客的邪氣驅散。除了這些長年飼養的慣例外，到了過年時節，更是「風水魚」的天下，一般平時沒有飼養的人，這時多會買回三幾條金魚，把它們養在一個盆裏，希望帶來「金旺」的一年。

除了做生意的人外，一般家居也都有飼養金魚的習慣，尤其是慣炒股票的人，更是不能少了這一套。在香港流行把炒股票當作守住「金魚缸」，這兩者的關係，不能說全沒瓜葛。

比起香港人的金魚，新加坡、印尼、馬來西亞所流行的「風水魚」，可要強勁得多了。金魚性溫馴、慢條斯理，全身披著五顏六色，光采是夠光采，但瞧得打不得。南洋的生意人覺得這金魚在他們所處的環境裏不能生存，於是又找到另一種「風水魚」：龍吐珠。

龍吐珠有好幾種：紅龍、金龍、黑龍與銀龍。它們的身型差別很少，龍頭很相似，身材扁長，顏色有紅、金、銀依色而得名，只有黑龍顏色深藍，看似黑色，不叫藍龍，而叫黑龍，大概是出於「黑馬」勁馬的觀念。

這四種龍吐珠看起來雖然相似，但身價卻非常懸殊，金龍很貴，紅龍更貴，普通一條不到兩吋來長的金龍，在港售價達二千元左右，紅龍則三千元左右。長大了的價錢更可觀，三四年前香港一家水族公司從馬來西亞買入一對紅龍，不到三十吋長，據說共值三十多萬港元，曾是本港轟動一時的新聞呢。隨後不過兩年，消息傳出，這一對寶貝被人盜走，不知賊人這一招是偷風水？抑或是偷魚？

三十多萬元一對魚已叫港人咋舌，卻不知馬來西亞的紅龍更有身價，在吉隆坡附近的巴生港口一家水族館，養有一尾超過四十吋長的巨龍，每個魚鱗幾乎有半個手掌大，紅光閃閃。叫人不可思議的是，它竟能在這不到八十吋長的魚缸裏活了十二年，難怪南洋華人相信這魚有風水，否則怎能在這麼一個像牢籠的生活環境裏活了那麼長的日子？

至於黑龍與銀龍，身價則低得多，幼魚不過二三百港元一對。原因是它們的鱗色不屬金，只屬銀，所以「風水」價值便低多了。

新馬華人之所以養這龍魚，除了從其金紅色取意錢財外，也可以從這魚的習性體會一二。原來這種魚生性兇惡，出擊如閃電，與其同缸的魚，除了大的吞不下而沒有侵犯外，其餘全不倖免。更妙的是，龍魚不能容忍與另一條龍魚同缸，眞要打到你死我活爲止，這眞所謂「誓不兩立」。奇怪的是，多條的龍魚同缸，卻又相安無事，這也眞有點像中國人做生意，同一個市場有二家競爭，勢必成水火，非要鬥到你死我活不可，多家競爭卻又無事。

比起新、馬、港三地，泰國華人所信奉的「風水魚」卻更威猛，他們養的不是金魚，不是龍魚，而是「吃人魚」。

說起這「吃人魚」也眞叫人害怕，它原產自巴西阿馬遜河流域，通常成羣聚居，多在靜水陰暗地域，不動聲色，一旦出擊，便狂如蜜蜂，一個人落水，只須三五分鐘便成骷髏。

據說泰國商人一發現這魚之後，便趨之若鶩，大家爭相把它當作「風水魚」。這魚顏色也蠻精采的，全身當眞是披金粉，生命力又強。如果從寵物可以看出一個人的個性，泰商之愛「吃人魚」，也許與其商場太像戰場有關，這種環境把他們的個性鑄成對「吃人魚」有好感，因爲這樣可以時時提醒自己：這個世界，你不吃人，人必吃你。這便是他們生存之道。

香港人近年來對來港南洋商人很有點顧忌，這個印象是從三幾件南洋客商在此弄虛作假而來，並不等於所有南洋客商都如此。不過，做生意的確要機靈，南洋環境由於政治因素，無疑較爲複雜，他們要講經濟規律，還要顧到政治規律，缺一不行。在這麼複雜的環境下，失敗的人也多，自然人的信心也容易動搖。在缺乏信心下，「風水魚」便應運而生，而且相信的又是好殺好搏、生命力又強的魚種。這可以從他們愛養龍吐珠、殺人魚體會一二。

最近由於來港投資的南洋商人增加，也把這種飼養龍吐珠的南洋風氣帶來香港，飼養的人也逐年增加。如果不是港府禁運，相信「吃人魚」早已充斥市面。看來香港人信奉的金魚，早晚也要像新馬華人那樣拿來餵龍魚了。

＊一九八六年十二月九日＊

龜術闡微

龜，原本是一種很平常的動物，但在中國人的心目中卻產生了非常複雜的形象。牠既是好的象徵，同時又是壞的象徵。

比如我們祝賀人長壽，把龜鶴松三種象徵長壽的東西作賀禮，這種習俗是很普遍，而且很嚴肅有禮的事。不但民間盛行，連達官貴人，也都照行如儀。從前有皇帝的時候，龜更是得意，常常被養在宮中的小池塘裏，甚至被雕鑄成貢品，擺設在宮中堂皇的建築裏，希望這個東西給朝廷帶來祥瑞之氣，給皇上帶來長壽，給江山帶來萬壽無疆。而民間呢，雖然很少人會有閒情把龜養在家裏去吸取祥瑞吉兆，但他們賴以祈福祈壽討個太平盛世、無災無難的寺廟，確也經常會有一個池塘，養着大大小小，種類多多，上百上千的龜。這些龜都是由民間祈福的人送上的，送的人希望這龜有感於他對牠「放生」，給他添壽。而平日來寺廟求神庇佑的人，也都會在這龜池裏拋下一些菜類去餵養羣龜，希望龜有感於他的餵養而賜壽於己。

當然，這些都是寄託希望的東西，人們但求得到心靈上的安慰，有誰又會眞正去追究牠賜不賜壽於自己？只要看看歐美人不奉養龜而能達到平均壽齡七八十歲，便可見中國人奉龜養龜只爲祈福，希望藉此消災消難罷了。

說到壞的一面，龜可也眞倒霉，凡是膽小畏事、怕強權、忌惡勢力，任人汚辱欺負，只會忍氣吞聲的人，中國人叫這種人爲「縮頭烏龜」。這個形容也很得體，的確，龜不管是那一類，碰上什麼麻煩或遇到危險，總是首先把頭縮回龜殼裏去，任由威逼利誘，也照樣縮頭。如果進一步折磨牠，牠也只會進一步縮腳縮尾。這樣的習性，深深叫人覺得龜當眞是缺乏反擊的勇氣，怕事怕到了極點，所以便冠以「縮頭烏龜」的惡號。

這個惡號在中國人社會特別流行，考其原因，大概是中國人的社會特別多人是仗勢凌人，惡人惡吏惡官特別多，這個多，當然是中國人的怕所養成，惡性循環的結果。越是怕，惡人便越多，越多的結果，便更叫人害怕，所以有「苛政猛於虎」、「惡吏狂過蜂」等等現象。處身於這種社會，當然叫人懊惱，甚至懷恨，無以發洩，便只好叫烏龜倒霉。從這「縮頭烏龜」的流行口語中，我們可體會到中國社會的「縮頭」現象應該是多麼流行的事。

不是嗎？當我們想到日本人佔領南京市時，單是二個日本人，爲了比賽斬人頭，從街頭斬到街尾，竟然斬了一百五十多個，而且是在半天內，在中國人的首都，在京華鬧市。如果不是因爲人人都做「縮頭烏龜」，無論如何也難以想像會發生這樣的事，那二位日本人還拍了一張靚相在日本大報刊登呢！這樣的事不知在中國歷史上發生過多少次了，隨便拈來都是歷史：元朝以外族入統漢人，還叫每家漢人養一個元人，也都養了整整八十年之久，元人以極少數來壓制極多數，也居然壓制了幾十年，眞不可想像，這是過去的事嗎？不，現在也有，不管是在什麼朝代，在共產統治下，不也是只有「四人幫」便把十億八億的神州鬧到雞犬不寧嗎？

考究烏龜縮頭的原因，大抵因爲是走不快、游不遠的關係。一般的魚類，游不快的，大抵都是善於找躲藏的地方，烏龜不必找，自己生來就有一個硬殼，很方便。以這推想中國人的縮頭，大抵也是因爲中國人既不敢鬥，也走不了的關係。中國歷朝的統治者對於戶口的管制最是嚴格，連做官任滿，也都要回到原籍去退休，平民更不能隨便搬遷移居。而提防移居與往外移民的律例，嚴格到動輒要斬頭，這種律例一直維持到清朝末年，要不是鴉片戰爭之後，門戶被打開，外國人硬要在和約上加上條文容許中國人往外移民，恐怕這種用斬頭來阻止移民的辦法還會存在的。果然，這個禁例一開，中國人往外移民的熱潮掀起了，不到百年間，搞到北美與東南亞都被這些新移民的數字嚇怕了，深怕他們的機會被中國人攫去。而這些脫了繩綁的中國人也的確不同，不但在經濟領域上有很進取的表現，在政治領域上，也都很關心其祖國的民權解放。依照孫中山先生的說法，專制顢頇的清政權基本上也是由這些脫了綁的中國人起來大力推翻的，他的「華僑是革命之母」便有這個意思。而近代中國的當權者對這點也有特別認識，所以對中國人的移民也始終不予開禁，對中國人的一雙腳綁得特別緊，不但往外移民不放行，連國內移動也都深受戶籍的限制，甚至憲法上寫明有搬遷的自由，也都不照辦。究其限制的動機，不外是在綁民雙腿。當你走不了時，偏又要保存生命，便只好做「縮頭烏龜」，可見中國人又贊烏龜又罵烏龜，是有深奧的政治體會的：烏龜之所以長命，是因爲善於縮頭縮尾縮腳，懂得這個體會，命便長了。

＊一九八六年十二月十七日＊

水能養魚，亦能殺魚

管子是中國古代傑出的政治思想家，他曾以水大做文章，他的《水地篇》便是以水來比喻治國之道：「是以聖人之化世也，其解在水。」好一個「其解在水」，當官治國的該好好揣摸這句話，如果不明白，便該好好去了解一下水性。水性也當眞給了先賢不少啓示，據說夏禹之所以能成聖王，不是靠他能夠治水防氾這麼簡單，而是靠他能從治水體會到治人之道，在於引發疏通，不是「水來土掩」。後來的政治思想家也都常常用「水能載舟，亦能覆舟」來警惕當政者。

這裏我想到了另一句話，那便是「水能養魚，亦能殺魚」。這是從毛澤東處找來的靈感，大家當記得他的名言，他說他的黨軍之所以能得到中國政權，靠的是中國人民的支持與養育，黨軍與人民的關係，就好比魚和水的關係。由他這話，我得到的靈感是「水能養魚，亦能殺魚」。

了解水性的人都會知道水也有各種不同的脾氣：水可以溫柔到像西湖那樣的文靜美麗，也可以暴怒到像怒江那樣吼叫奔騰，狂怒時更可以像海嘯那樣橫掃千里，把什麼也捲起來毀滅掉，正如三十多年前北大西洋的海嘯由北美東岸直摧各大城市，科學家原以爲海嘯只能在海上或沿岸發威，但這次大海嘯退後，科學家才相信原來它也能進入內陸殺人無數的。

水能以各種姿態出現，有時像脾氣好的小村姑，穿過萬山叢林，以涓涓溪水姿態出現；有時則像尼加拉瓜或維多利亞瀑布那樣，衝力巨大無比；有時又像小溪那樣清澈，毫無城府，但有時卻像大海洋那樣深沉，摸不透其底細。

水能以各種形態出現：有時是實體，有時是虛體。虛體處成爲水蒸氣，成爲雲層；實體處，成爲雨水，成爲河流，成爲海洋。但不管虛實，它可以軟綿綿，也可以形成巨大的反拒力。物理學家參透了這個道理，從中駕馭到這水性，作出不少水力工程，以造福人類。

水雖然有這麼大的脾氣，與那麼多的姿態，同時也有虛實體之分。但並不是所有的水都可以養魚，同是一個海洋，並不是每一處水都可以養魚，同是一條河流，也不是每一處都可以養魚。不知水性的人，以爲魚只要有水便能活命，其實不然。

水也正如空氣那樣，有缺氧的空氣，也有缺氧的水。缺氧的水，不但不能養魚，反而會殺魚。而氧在水的分布，也正如氧在空氣的分布那樣，是隨着水流而變化多端，形成一個氧流，而魚之所以在湖海裏游動，看來是跟着潮流那麼簡單，其實，它們是跟着含氧量高的潮流游動。

在什麼情況下會出現缺氧的水呢？情況當然很複雜。但最明顯的情況是當水閉塞不通，會變死水；被困不流，會變死水；被嚴重污染，會變死水；被過份加熱，會變死水；被過份凍結，也都會變僵化。一旦水變成死水，便是殺魚的水了。所以，要水能養活魚，必須要使水通暢、長流、自由、乾淨、溫度適當，不能讓它過熱或過冷。

海洋與河流，看來該不易變死水，但除了工業污染會造成它對魚有害外，溫度的變化，也很易造成氧的不同流動。河流經過的地方，有冷有熱，水的含氧量也都因此隨着變化。海也然，海水深淺感受陽光不同，緯度不同，冷熱的交流也大，氧的走動便不小了。

可見了解水性對於了解魚的游動與生存是多麼重要。我們的先賢將治水與治人相喻，的確非常恰當。今之當政者，應從中多體會。不讓人民充份自由，使其閉塞，明智不化不開，有時用運動使其過熱，有時用高壓降溫，使其僵化，都是造成死水的要因。人像水那樣，一旦死氣沉沉，不管當權者屬什麼大魚，一樣會被死水殺掉，變成一尾死魚。要做到不冷不熱，流中帶律，律中帶放，交流調節，不閉不塞，那是治中之最，最是難得。

毛澤東的統治，正好從他的魚與水的道理帶出不少啓示，他搞運動，忽冷忽熱，一忌。閉塞不通，二忌。他知道水能養魚，可知道水不能缺氧的道理？缺氧的水會殺魚的情況，他又可曾了解到？

管子道：「其解在水。」哲理無窮，省之！省之！

＊一九八六年十二月二十三日＊

變色魚

動物為着生存，各出奇謀，變色便是其中一個好辦法。

陸地上的動物，不管是飛的或跑的，多有一套變色的本領。水裏的魚也一樣，變色的本領不會輸給陸地上的動物。

魚的變色因時因地而異：在深水地方，陽光照射不到，一片灰暗，魚棲息在此，也都會用上灰暗的體色來掩護自己；在淺水地方，一片光明，魚也會用光白的顏色來掩護自己；在水草叢生的地帶，一片青綠，魚便會以青綠色來埋藏在水草中。在大清早，魚從黑夜醒過來，也都帶着深灰色，然後隨着光度的加強而變成銀白或銅綠色。總之，不管是什麼魚，不管大小，都有一套變色的本領，而且變得比陸地上的一般動物快而準確。

不會變色的魚有沒有？有。那些身上披着硬殼的水產類如蚌蛤螺蟹便是。但它們雖不善變色，卻有一身硬殼保護身體，所以不必快跑，也不必變色。反之，沒有硬殼，身披魚鱗魚皮，全身軟肉的水產類動物，便極需要變色來掩護自己，以求取生存。

魚變色，不但是爲了避開敵人的耳目，免受其侵害。同時也是爲了要掩護自己，伺機向獵物下手。所以變色的戰略意義是既攻且守，小魚要有變色本領，大魚照樣也要有變色本領。小魚變色是爲了怕大魚，大魚變色是爲了要捉小魚，大家齊齊變色，多麼攻於心計！

變色本領的由來，大抵是因爲環境太複雜，動物本身心力有限，不能改變環境來配合自己的顏色，所以便只好改變自己的顏色來適應環境了。水的環境也和陸地環境一樣，很不單純，水有深淺，顏色也不一樣。水有黃、紅、綠、灰各種顏色，也有河、湖、海各種形體，也有急流、慢流各種速度，這些環境都不是魚能改變的，所以只好適應這各種潮流顏色來掩護自己。

大抵來說，不會變色的魚，多有一身非常鮮艷燦爛的顏色，它們不但不用變色，反而會用這顏色去吸引對手，叫對手好奇，趨之若鶩，然後就近一擊，使對手喪命。這樣不靠變色過活的魚，多是有一身毒，身懷另一種絕技。

還有一種魚，既不會變色，也沒有一身硬殼，但卻有一身鑽地本領，不管是逃難或是狩獵，這種魚總是把自己的身體埋在鬆散的海床下，不露形跡，其鑽地功夫也叫人嘆絕。其中本領最大的，當首推香港人最愛吃的象拔蚌了。這種水產動物，平日把身體埋藏在沙地底下，出來快，逃避也快，在沙地底下鑽動之快有如閃電，瞬卽在地下消失得無影無踪，聰明如人類也都難以捕捉到它，更遑論水底動物？

更有一種魚，不必靠變色，不必靠毒，也不必靠鑽地功，靠的卻是飛遁之術。碰上什麼危急時，它不在水裏溜走，卻飛出水面，在空中飛遁，這樣旣可以避過水的阻力，又可以逃過敵手的耳目，也實在有其一套。

還有一種魚類，同樣懷有另一種絕招，就是整個身子都長出醜怪的石塊形，或是鋒利的針狀形，叫對手看不見，或是不敢硬碰。

想到變色魚，使人想到魚利用顏色求取生存的本領，也使人聯想到人也有類似魚那樣利用顏色來掩護自己的本領。

認眞考究起來，幾乎所有魚變色的功夫與心思，人都用上了。雖然人的皮膚不像魚那樣可以隨心所慾，任意跟着周遭的環境，要變就變。但是人的變色更高明，不變自己皮膚顏色，都可以搖着一面旗，標誌着自己的顏色，要白要紅、要藍要綠、要黑要紫，總之，顏色多多，任君選擇。

這種變顏色的功夫，不但快，而且不費心血。看到「三面紅旗」幌動，自己也拿出來搖搖；看到紅旗海洋勢不可擋，便有人「搖着紅旗打紅旗」，叫敵手防不勝防，多高招！儘管魚會變色，還沒有變到「搖紅旗打紅旗」這一招。想到文革高潮時，中國的紅旗隨着領導人的高喊紅色中國而蓋滿了神州大地，曾幾何時，這些紅旗都隨着毛澤東陪葬去了。可見中國人的變色功夫的強勁，可以一下子叫人看到紅旗蓋天，一下子又都不見了。這與其說是中國現在失去了革命的熱誠，倒不如說是中國人本沒有革命熱誠，只是善於變色術，當拗不過環境時，只好變變色，瞞天過海。這與其怪人民虛僞，倒不如怪統治者不講究實際，強民之所難，才搞到人民變色以自衛。

類似文革那樣的變色情況，中國確是不乏歷史。當敵人來攻城時，估計自己實力不敵時，只要把旗幟顏色一變，便算是改朝換代，這種變色方法，比魚還要快捷。當然，這也是比魚聰明才有這情況，也是比魚聰明的鐵證。因爲這種變色方法，不沾身、不費神、不危險、快捷簡明，甚至變了色之後，連跑也不必跑。而中國人採用的是「以敵人之色色之」、與敵人清一色、共一旗，這比魚用環境作掩護的辦法，要高明萬倍，不信？你就讀讀我的下一篇：「封龍記」，便有分曉。

一九八七年一月一日

封龍記

話說有一尾魚，一日，來到龍的家鄉，受到了龍的點化，知道在這地球上，開化得最早、最有文化的是神州的中國人。

被龍點化後，這尾魚便很渴望到神州去看看，學一點中國人的聰明。於是它不辭勞苦，從東海游進長江，牠想這條河是中國人文化的育根地，來這裏看看，一定錯不了。

這時正碰上神州大地在鬧文化革命，一時在戰天鬥地，一時在鑿紅旗渠，一時在開十三陵水庫，一時又在競渡長江。總之，這尾魚所看到的熱鬧都是旗海飄飄，而且都是紅艷艷的，當眞是紅海洋似的，使牠聯想到海裏鯊魚出擊，搞到血濺碧波的情景，不禁目眩眼花，儘管牠受了龍的點化，也都不明所以。

這尾魚胡塗了一陣日子，終於碰上了一隻千年老龜，心想這老龜在神州日子長，見過了不少中國人的歷史，一定會知道這些紅旗的玩意。於是這尾魚馬上搶前問老龜道：「老龜，我來問您，中國人在鬧着紅旗幹嗎？」

老龜畢竟是飽經世故，知道這問題幼稚，顯得愛答不答的樣子，道：「你不見這紅色的旗幟嗎？他們在鬧紅色的革命嘛，怎還不明？」

「紅色的革命？」這尾魚聽得更胡塗了：「爲什麼是紅色的革命？一定要紅色的嗎？綠色、白色、黑色不可以嗎？」

老龜本不想再理睬這尾魚，但見牠幼稚得交關，不得不多說幾句：「這是紅色的朝代，紅色當政，當然是紅色的革命啦！」

「好笑，」這魚聽了似有所悟地說：「爲什麼一定要有顏色的革命？革命又與顏色有何關？」

老龜更覺得這尾魚不諳世情了，於是帶着敎訓的口吻道：「革命怎可能與顏色無關呢？一個朝代一個顏色，方便人民拿着這個顏色，搖旗吶喊，只要是支持這個顏色的便不殺，否則便格殺勿論。」

這尾魚經老龜一說，那受龍點化過的腦袋登時一亮，道：「哦，我明白了，中國人這種隨着不同朝代搖不同顏色旗幟的做法，正好似我們的魚變色那樣，隨着不同時間，不同地勢，便變什麼顏色。」

老龜見這魚自比中國人的聰明，更加不屑地探出頭來對魚說：「你的聰明比中國人差遠了！你的變色怎可與中國人的變色相比？」

這魚一聽到自己的聰明比不上中國人，不但不氣，反而更加高興，因爲牠此次來神州的目的就是想學點中國人的聰明，於是忙不迭要老龜指點迷津。而老龜也念在這魚幼稚份上，不指點似乎不對，於是道：「你還算謙虛，我這便告訴你有關中國人變色的聰明地方。魚變色，只曉得把自己的顏色變得與掩護你的水色或水草相同，這種做法是要靠這水或草來掩護你，這樣的做法，聰明是聰明，但是你還得不到十足把握，因爲你畢竟還與你的敵手不同顏色，當你出擊或你出逃時，還是會被敵手識破……」

老龜說到這裏，魚高興得跳起來，在老龜背殼上連親了三下，搶着道：「老龜，我明白了，我明白了，中國人的變色是這樣的：對手披什麼顏色，你便變什麼顏色，變得和你的對手一模一樣，叫他分不出敵我，然後跟着他搵食，叫他不提防你，要攻要守，悉隨尊便，好個中國人的變色辦法，眞聰明！眞聰明！」

老龜見這魚這麼容易就被點醒，才有點高興，但還怕牠觀察不夠入微，陪着這魚游了一陣日子，當看到中國人搖着紅旗打紅旗的一招時，便叫這尾魚好好欣賞中國人變色的高明地方。而這魚也心領神會，當眞學到了不少中國人變色的絕妙地方。

學到了中國人變色的秘訣後，這尾魚終於心滿意足地辭別了神州，游出了長江。在回東海的途中，牠戰戰兢兢地把中國人的變色方法使了出來，牠見到了一羣藍魚，說一聲：「變！」，便把自己變成了藍色，混在藍魚羣中。而這羣藍魚也都沒什麼異動，牠高興極了，心想：「中國人的變色辦法果然奏效！」如此游了一程，肚子餓了，牠便閃電般吃了幾尾藍魚，果然不出牠所料，藍魚羣也都沒什麼異動，牠更加高興，幾乎要狂叫：「中國人的變色辦法果然厲害！」剛張開了的嘴巴不曾說出話，已有兩尾藍魚游近嘴唇上來，牠馬上順勢又吞了兩尾，牠想：「好痛快，好痛快。」

吃厭了藍魚後，這尾魚想轉換胃口，於是又說聲：「變」，把自己變成了紅色，混進了紅鱠魚羣中，又如此痛快了好一陣日子，幾乎把這紅鱠魚羣吃得零丁了，牠這才又轉換胃口。輾轉換了幾種胃口後，牠已經變成一尾大魚了，成了大魚的牠，原本以爲自己已游得快，捕食不難，不必靠中國人那套變色術了。不料成了大魚的牠，吃得多，消化力又大，捕捉非常勞碌，左思右想，還是捨不開中國人的一套。

因爲食的問題解決了，變色使牠無險無慮，這尾大魚當眞是如中國人所說的「得道成仙」，過着仙家似的日子。這日，牠想到應該向點化牠的龍述說自己的心得，於是便來到龍的家鄉見龍王。龍王問道：「愛卿別來無恙？」

這魚恭恭敬敬奏道：「托龍王洪福。」

龍王又問道：「你學到中國人的什麼本領？」

這魚更恭敬地奏道：「托龍王洪福，我學到中國人的變色術。」

龍王一聽，頭上如被響雷轟了一下似的，好在自己變色功力深，臉上不曾走色，而心裏也鎮定，知道這魚既然學上了中國人的變色術，爲保住龍的江山，便非要封這魚爲龍的家鄉的一員不可。

這魚被賜封走出龍宮後，又好像得到了一個新的點化：原來神州遍地是龍的傳人，正是因爲這些中國人個個精通變色術呀！

＊一九八七年一月八日＊

官與網

根據中國歷史家的說法，網是中國人首創的，這大概錯不了，因爲這可以從多方面的中國古文化裏找到論證。又有人指出中國人是最早懂得結繩的民族，這大概也錯不了，因爲中國是最早出現文字的國家，而在中國文字裏便出現很多「絲」字邊的字，可見繩絲類的東西應該很早就出現在中國的文化生活裏了。如果結網首先需要有結繩的突破，那麼因此而推論中國人首先發明結網，也相當可信。

總之，不管你信不信中國人是首創結網的民族，中國人用網歷史之早，確是有文字記載的。中國人用網的功夫，也確是應該爲舉世佩服的，而且還應該佩服到五體投地！

因爲中國人不但老早就懂得結網來捕魚，而且還用網引伸出治人的道理。大抵是因爲很早就發明了用網捕魚，相信也捕捉得相當沒節制，所以才會有用網捕魚是相當霸道的概念，所以也才會引生出姜太公釣魚的典故。姜太公捉魚不但是不用網，而且也只用直鈎，表示他的偉大政治氣度，用的統治方法是「願者上鈎」的「王道」，與「一網打盡」的「覇道」成了一個強烈對照。

管子也是中國古代傑出政治思想家，他的《禁藏篇》老早就體會到網羅人民的道理：「夫爲國之本，得天之時而爲經，得人之心而爲紀，法令爲維綱，吏爲網罟。」這句話裏頭的幾個關鍵性文字：「經」、「紀」、「維綱」、「網」，統統都是以「網」構成一個政治統治概念，叫人怎樣「網羅」人心，統治人民。管子的《禁藏篇》強調的是用法治的重要性，「經」與「紀」表達的是「有條有理」、「不混不亂」、「有綱有領」的法令的重要性，而「網罟」表達的是統治工具的官吏。可惜，中國到了漢以後出現了董仲舒的「非法重儒」局面，把法擱在一邊，重用官僚，以爲只要做到官是「父母官」、「愛民如子」，那便一切「掂晒」！豈料正如西哲 Acton 說的：「權力便是腐敗，愈是極權便愈腐敗至極！」官僚愈是權力在握便愈會濫用權力，搞到中國終於變成「官僚國」，不是「法治國」。把管子的話變成沒有「經」、沒有「紀」，而只有「網罟」了（用現代話便是「無法無天，只有官吏了」）。

用網捕魚的壞處與惡果是在於把大小魚都一網打盡，容易產生過份捕撈，魚愈來愈少。這雖然比「竭澤而漁」好一點，但後者是「急性自殺」，前者則是「慢性自殺」，不相伯仲。中國人這種發明也眞累了這個世界，如今全世界先進國家組織了捕魚船隊，用拖網魚船往世界各處捕魚，這令到一些落後國家非常反感，因爲這樣下去，人類公海的共同資源豈不很快便要給網盡了？聯合國有關公海與私海界限里數之爭，一半也出自保護內海魚產免被一網打盡的考慮。

中國人用網治國的辦法，雖不曾累到他國，卻也累死了自己。由於官吏治國不是用法，而是用自己樹起「父母官」形象，用自己的「父母官」權威。如果是在太平盛世，家和萬事與，這樣的父母官還容易當。一旦是國家出現亂局，需要重典的時候，這個「父母官」非要拿出權威來的時候，這個官便難當了。他要不是「愛民如子」，沒法用重典，變成優柔寡斷；便是要親自監斬，在劊子手面前親自下令行斬，失去「父母官」的形象。所以中國的官吏便變成「統治者」，而不是「統治者的工具」，不能獨立於政爭之外，而必要捲入政爭，要負政治後果。這惡果便是每當政權轉換時，不但負決策責任的「統治者」要被推翻，連聽命於決策的「統治者」的「統治者工具」也都要一道被「一網打盡」。所以每到改朝換代國家便要「大出血」一次，國民黨離開大陸，它的數百萬官吏也都在大陸被「一網打盡」。據調查，明朝執政後，有些省份竟有大半以上的縣三十年內沒法派出縣官，因爲前朝官吏不用，今朝又不能及時訓練足夠人手之故。這難怪每到改朝換代，國家元氣遲遲恢復不了。外國人把換政權當成好事，中國人卻把它當成是「掃把星」出現的宇宙凶兆了。這便是受累於「法」與「官」二位一體的政體，不好好把管子的「經紀」與「網罟」分清的惡果。

反觀英國人，即使是統治香港這麼一個小小殖民地，他們也都不大意，小心把「法」與「官」二個主體分得清清楚楚，法是法，官是官，即使是國王，如果他敢說：「朕即是法！」連他也要被斬頭。所以英國人統治香港的官，都是只負行政過失的責任，不負政治與決策的責任。連要用重典的刑事審判，法官的責任只在庭上引導審判程序，保證原被兩告依法公正行事，裁判人不是法官，而是由一般市民選出來當裁判的陪審員。

再回來看看中國「法」與「官」混成一體的現眼活例子：為了要把學生遊行壓制下去，北京當官自己抛出了一套不准在鬧市遊行的法令，如此這般地想把遊行劃到郊外偏遠地帶去。學生當然不賣帳，學生說這些當官的定出來的法令有違國家憲法，不依。於是當官的還把學生的示威說成是由臺灣電臺在背後操縱所致。如此這般地自由說自由做，隨心所欲，攬法在手，攬權在身，眞是亦官亦法，搬出臺灣特務來作藉口，無非是想借捉特務為名，一網打盡學生遊行分子。這一套，看來是有效的統治方法，但這是「一網打盡」的方法，壞處是「不分善惡」，跟「竭澤而漁」半斤八兩。看來中國要講法治，認眞要檢討怎樣把官與法分得清清楚楚，認眞閱讀管子的《禁藏篇》。

記住，管子不是美國人，也不是英國人，官與法分開，不是外國人的見解，是中國人的見解，不想抄外國人的中國人，抄抄管子，算不失國體吧？

＊一九八七年一月十六日＊

龍廷議政：游行

話說這日東海龍王上朝問政，涉及的是有關最近幾羣小魚在不適當的地方，作出不適當的游行，提出不適當的要求，而且還是在不適當的時候，對不適當的對象示威。

「衆愛卿對這游行事件有何看法？」龍王一臉嚴肅地問。

鯉大臣首先跳出來軟聲奏道：「稟告吾王，奴才罪該萬死，有句話，奴才不知好不好說，奴才說了怕吾王降罪……」

「不降罪，不降罪，鯉愛卿有話便說。」龍王一貫的政策是「引蛇出洞」，怕的是人們有心事不說，背後搞陰謀，蓋陽謀易擋，陰謀難防也。

鯉大臣聽了龍王的話，但懼於龍威，還是戰戰兢兢地奏道：「奴才認爲這游行是好事，縱目天下，世界有三大魚場，一在北歐，一在北美，另一在阿拉斯加，唯獨東海吾王的天下不是，雖然地理學家說三大魚場之所以成爲大魚場是拜寒暖交流所賜，但東海區域何嘗不屬寒暖流地帶，可見東海天下不成爲大魚場，另有原因。」

「原因何在？」龍王心裏有數。

鯉大臣見龍王插嘴，更加懾然，答道：「依奴才之見，奴才該死……奴才認爲……原因該是東海缺乏游行的自由。試觀三大魚場，每年冬去春來，一片昇平景象，海鳥遮天，魚羣滿海，那裏的魚類個個有自由結羣游行，吞拿魚、沙文魚、藍魚等等幾乎見不到不結隊而行的。反觀我們東海，鰣魚失去回流自由，差不多要絕種，鱠魚也滿身火水味，也命不久矣。歷史上多少類似鰣鱠的結羣魚類都瀕臨絕種，原因很多，其中東海不能結羣游行是個主因，因爲游行是弱者的唯一自保辦法，海洋上只有惡魚不必結羣游行，善良的魚類卻不能不結羣游行，因爲只有這結羣游行才能向惡魚示威，叫它們不能輕舉妄動，卽使被惡魚進攻時，也都能靠羣體發出高頻率的複雜聲波把惡魚嚇退，這是善良魚類結羣游行的生存之道。」

一聽到鯉大臣說到惡魚的事，鯊大臣便知話裏有骨，馬上反擊道：「吾王明察，游行的事萬萬不能提倡，這是犯上作亂的勾當。鯉大臣歌頌三大魚場，用他們西海的事來貶低我們東海，這明是衝撞吾王而來，請大王明察。」

鯉大臣給鯊大臣這一說，登時嚇得魂不附體，伏下連連叩頭奏道：「吾王明察，吾王明察，奴才一向忠心耿耿，從不敢衝撞吾王，吾鯉魚世家也是著名的順民，雖然鯉魚還結族而居，但不結羣游行。爲了避這結羣游行之嫌，我們鯉族早離開東海，退居到內陸窮溪僻流，從鹹水魚變淡水魚，我們游的水少，再有天大的膽子與風，也作不了浪，請吾王明察。」

鯉大臣一番話說得也夠令人鼻酸，一時說得羣臣議論紛紛，但鯊大臣仍不放過，這是鯊魚的本性，要惡就惡到底：「吾王明察，游行的事萬萬使不得，試想你有權結羣游行，我也有權結羣游行，你反東，我便反西，你反右，我便反左，如此反來反去，東海還成個什麼海？老實說，我鯊魚最不怕其他魚結羣游行，如鯉大臣要堅持游行權，我絕對奉陪！」

豚大臣一向愛與鯊大臣作對，發出高頻率的話，也只有鯊魚聽到：「哇！鯊魚是以惡著名的，一旦結羣示威，那還得了。」

豚魚這話當然氣得鯊魚七竅生烟，但豚魚的話是用高頻率發出的，其他魚聽不到，鯊魚拿豚魚沒辦法，只好把自己滿口利牙咬得咔咔聲，怒道：「聰明的，便跳出來講幾句話。」

豚魚也不示弱，馬上游了出來：「鯊大臣叫聰明的跳出來說幾句話，雖然莎士比亞說豚家族最聰明，我不敢當，但當個知識分子倒有資格。」

鯊大臣一聽到知識分子什麼的，更恨上心來，怒道：「有屁快放，少來這一套！」

豚大臣接口道：「放屁我不會，說點有關游行的事我倒有幾句。結羣游行的事，對某些魚來說，也許不重要、不必要，甚至痛惡絕之。因爲這些魚另有其生存之道。例如鯊魚性凶惡，獨個兒可以橫行海洋，不必靠結羣；鱷魚是兩棲類，水裏找不到氧氣，陸上去找；鷄泡魚有毒在身，其他魚類碰上，只有逃避份兒，所以也不必結羣；烏龜有縮頭術，只要頭一縮，什麼也看不見，心安理得；塘蝨魚氣功夠，不需要太多氧也能生存。總之，這個海洋的魚類有不少是有其一套生存的辦法，不必靠結羣，也不必游行。但是其他的魚不懂海陸兩棲，也不會惡，更沒有毒，又沒有龜殼，氣功也不夠，便只有靠游行結羣以自保，游行是尋求氧流，追求更好的生活環境。所以游行是爲生存需要，逼不得已，請吾王明察。」

豚魚的話當然引來了不少非議，除了鯊魚、鱷魚、鷄泡魚，被氣得各展怒容外，烏龜雖被點名，但縮慣了頭，不當一回事，塘蝨魚氣功好，照樣不蠢動。反而是吃人魚跳出來講話：「結羣不一定要游行，結羣不是壞事，所以保留結社的權，不傷大雅。游行的事才眞正要不得，因爲這樣興風作浪，搞亂太平洋，要不得！」

鯨魚聽了大不以爲然，也出來反擊了：「對於吃人魚來說，游行明顯是壞事，因爲你的生存之道是靠結羣吃人，但又要遮掩身份，不能游行，游行便暴露了自己，吃不到人。而我們鯨魚，體大搶眼，乍浮乍沉的，三五條靠在一起，已被當作大游行了。何況我們體大食物小，不易找到一樣東西便可作一餐，也不易在一個地方找夠一餐所需，所以游行成了需要。最近，因爲水被汚染，我們鯨魚感染得最快，爲了要抗議，我們便只好成羣登陸自殺，不游行示威，我們何以改善環境，叫人注意我們的問題？所以，所以啊，請吾王明察，游行示威也好，自殺被殺都好，對於某些魚是出於需要，不管你禁或不禁，天高任鳥飛，海闊從魚游，自古而然。」

龍王見這問題愈談愈複雜，爲了息事寧魚，只好指着千年龜老臣道：「愛卿長壽長智，有何高見？」老龜見問，又用慣常的老哲學道：「剛才鯉大臣的話很有啓示，游行既不能廢又不能興，爲今之計，最好是立例叫魚不准到通衢要道游行，要游到窮溪僻河去，只要眼不見便太平，而且也不張揚丟臉。」這話使龍王很高興！也便如此退朝。

一九八七年一月二十三日

龜路歷程

話說亞洲有個兩千多年的巨大老龜，由於牠經歷的年歲長，龜殼也就變得愈來愈硬化，愈來愈笨重，這些硬化與笨重使到這個老龜走動緩慢，而且時時停頓不前。

在牠硬化的龜殼裏，滿載着歷史的風化層，層層都有風風雨雨的經歷，由於長期飽受風雨的衝擊，每一層的硬化都有一番滄桑，層層硬化重叠，使到這個老龜殼後來簡直變得對於四季風雪都失去了感應能力，這種鈍性反而使到老龜心安理得，任由天公吹什麼風，牠都無動於衷。

這日老龜又進入了另一段歷史路程，牠突然被幾隻老鼠圍住，有的在龜頭前探索，有的則在龜背上跳上躍下，有的則在牠的尾巴上爬行着，有的還在四周吱吱喳喳。由於牠的皮殼飽受風化，所以硬度頗強，老鼠的折騰，對這老龜當然起不了什麼作用。

可是這羣老鼠那肯罷休？尤其是那個最偉大、最英明的鼠領袖，更覺得這個大龜該有翻天覆地的作爲才是，否則鼠領袖的英明與領導才能便無法被歌頌了。

老龜被折騰了好一陣子，才終於了解到原來老鼠與象要解決彼此之間與生俱來的矛盾，想到一種決鬪的辦法，當然，鼠與象都不會笨到拿自己的身體來糟蹋，於是便同意彼此間來一場賽跑。當然，鼠身小，象身大，鼠象賽跑，對鼠不利，老鼠是不會笨到沒有這種常識的。雖然老鼠曾經想到請牠們的遠親袋鼠代跑，可是象雖然重，但不笨，知道袋鼠速度了不起，當然不同意。雙方糾纏了很久很久，才終於同意請那二位富有歷史性的賽跑主角：龜與兎爲比賽的代表。

老鼠該知道兎子會比龜跑得快，但是牠還是選上了龜作爲比賽的代表，一來，牠知道兎子自視甚高，瞧不起龜，已有睡覺的紀錄，這回難保不再犯這自傲的大病；二來，鼠一向妒忌兎子，自己比兎子更靈活，也有鑽地的本領，但兎子卻有人供奉得豐衣足食，而牠食人類三兩粒穀種，已被人當作盜賊來追打。有了這二個芥蒂，老鼠終於義無返顧地選上了龜。

可是飽經歷史憂患的老龜，對這已感受不到什麼歷史不歷史，對這羣老鼠的叫跳，照例是反應冷淡。搞到老鼠們議論紛紛，大家爭議着要如何使這老龜在賽跑時可掌握着「正確的路線」，不能「走老路」、「老彎跑」。也有些老鼠說不能讓龜吃得飽、吃得肥，因爲這樣便會不肯跑，所以主張一定要抓龜的「糧食政策」，更有些老鼠從這而得出「愈餓愈革命」的結論，想出餓的辦法帶出龜的速度。更妙的，有些老鼠說龜在跑動時最愛左盼右顧，因此主張一定要抓緊龜的方向，不能讓龜極左極右地傾擺。

就在這吱喳叫嚷中，搞出了不少運動，一時是「合作」方式拉龜，一時是「反右」引龜頭出洞，但這老龜仍是笨重得熱不了身。於是老鼠們的最英明、最偉大的領袖看出了這老龜的老毛病，照這遲鈍反應下去，怎能與兎子競跑？於是想到教老龜「大躍進」的辦法，這英明而偉大的領袖想到除了極左極右是老龜的大忌外，極慢也是牠的大忌，不「大躍進」怎會贏得了善彈跳的兎子？

可是經過「大躍進」的嘗試之後，老鼠們終又發現這老龜原來竟笨到連躍進的能力也提不起。於是老鼠們的英明偉大的領袖又想出了一個妙方。這偉大領袖愛讀羣書，尤其是古今寓言無不精通。牠記得蜜蜂與龜的故事，於是便想到利用蜜蜂來衝擊老龜，希望用蜜蜂刺老龜的方法來搞好一場勝利的競跑。這英明領袖也愛好「土法上場」、「古爲今用」，牠相信蜜蜂的針旣能把人的陳年風濕也能釘得四肢靈活起來，無理由這蜂針不能袪除這老龜背上那大塊冥頑不靈的老化僵化的龜殼。於是這英偉的領袖終於請來了滿天蜜蜂猛向這老龜身上刺去，這英偉的領袖知道這是重要的一招，也是最後的一招，把希望都寄託在這一招上。牠相信這羣惡蜂一定會把老龜背上的老頑殼刺醒過來，於是一場蜂劫便如此展開，而惡蜂也夠瘋狂，見了什麼「牛鬼蛇神」、「海外關係」、「有知識無知識」的，一概不放過。當然，鼠會鑽地，牠們請來了惡蜂後，自個躲到地洞裏，除了在其「斗室裏」只聽到幾聲「嗡嗡聲」便以爲是蒼蠅外，什麼也聽不到，看不見了。

而老龜呢？在這漫天惡蜂追炙下，不但不跳不躍，反而是把頭、尾、四肢一縮，任由惡蜂在背殼上爬行刺炙，牠卻照樣動也不動，這事在老龜的古遠歷程中早而見慣，惡蜂能針到的只不過是牠的外殼，那風化僵化了的外殼，在牠，這短小的針，算得什麼?在牠背上歷劫着的有趙高的鹿腳印、也有外族的鐵蹄印，更也有朱元璋的刀筆吏印，牠也早已從這些劫印中學到了縮頭縮尾縮腳的哲學。

當然，見到了惡蜂出擊下的老龜不但不跑，而且還停頓不前，老鼠們的英偉領袖這一下當眞是落得一個「老鼠拉龜」的下場，活活被這千年老龜氣死，而老鼠們也從這蜂劫中體會到不能捉住老龜折騰，只能用「開放政策」，任用老龜自由活動，才有進展的道理。

＊一九八七年二月二日＊

大魚吃小魚

「大魚吃小魚」通常引喻商場上「大吃小」的現象，而且一般人都認為這現象非常殘酷，甚至引導了古今不少大哲大做文章，著書立說，主張把商人壓抑下去，制訂種種嚴格的條例限制商事，甚至把各種民生基本食用的東西，一概列為只准官家做買賣，不准民間私營。

翻閱整部中國歷史，雖然中間有放縱商人自由買賣的時候，但主流卻是「重農抑商」，統一六國的秦國商鞅以其相國有功，打下了秦國併呑六國的霸業，後代以為他的秘訣在於「重農抑商」，爭相效法。首先是漢承秦制，把商人列為「等而下之」的階級，不准商人坐車、僱用傭人等等苛例，使到商人抬不起頭來。這種「抑商」辦法後來演變成為皇室家族憑封建特權大做買賣，坐地自肥，把國家資源擁為己有，造成國家割據的局面，其「抑商」的惡果盡人皆曉，一部《鹽鐵論》記載的便是朝廷有關抑商利弊的爭論。可是，大抵因為歷代帝皇好大喜功，喜歡東征西討，又或是因為江山大，相信「重農抑商」是成功治國之道，所以歷代相沿，直到今朝的「中

華人民共和國」，行得還是那一套「重農抑商」。記得在「文化革命」搞到天翻地覆的當兒，有不少中共的理論家便擡出以商鞅爲主的法家思想，在「重農抑商」的傳統上，大做文章，歌頌法家思想的偉大。

西方的歷史文化也有類似的「重農抑商」時代，古希臘的城邦時代，雅典是重商事的，其人民向外通商遠達北非埃及以及中東各地，其文化民主風氣之盛，蔚成「愛琴文化」的人類古文明史，非常光彩。可是這個文化區後來受到了以善戰出名的另一城邦斯巴達的衝擊，終於在各邦征戰的局面下而成爲歷史的遺事。之後歐洲經過了羅馬帝國的大一統局面，也大抵因爲歷代統治者好大喜功，喜歡東征西討，又或是因爲江山大，不易維持統一局面，也都出現了以重農抑商爲主的封建統治。綜觀西方近代資本主義的興起，主因也是由於各封建主割據領土，對商人加以重稅，諸多壓抑。要不是因爲經過中古的「黑暗時代」的黑暗腐敗政權，使到帝國統一受到嚴重挑戰，諸侯互相攻伐，瓦解了帝國基業，所謂資產階級的商人還是不易出現的。他們的出現，基本上就是推翻了以重農爲靈魂的封建政權，建立了自己重商的政權。

從整個世界史的範疇看來，中國與西方的主要矛盾，便出於中國仍堅持「抑商」，西方則堅持「重商」；中國仍堅持「重農抑商」的傳統，西方則堅持反對這個傳統。這個矛盾的出現，自東西交往打通後，由鴉片戰爭西人強行打開中國市場開始，雙方的政治意識形態的衝突，高潮迭起。由於西方殖民地主義與帝國主義的推展與影響，「重商主義」已在所謂第三世界的新興國家逐漸奪得陣地。在亞太區，這個「重商主義」的影響也在中國大陸的周圍逐漸形成一個很大而強固的包圍網，如果亞太區的日本、南韓、香港、臺灣、新加坡繼續走向繁榮安定，「重商主義」對中國的壓力將會日益增強。除非中國能像過去秦國或是斯巴達那樣「嚴刑罰，飭政教，姦僞無所容，外設百倍之利，收山澤之稅，國富民強，器械完飾，蓄積有餘，是以征敵伐國，攘地斥境。」（見《鹽鐵論》：非鞅第七）。可是，考慮到當今世界原子武器流行，世界民智開化，輿論敏感，要想向他國動刀槍，討個便宜，已是難之又難。可見循求老路，擁兵征伐，代天行道，建立帝國統治的時代已行不通。其次，中國要想閉關自守，我行我素，不管他人富有，我自守清貧廉潔，這樣行不行？不行。因爲一旦你鎖國鎖民，如果「重商」的世界當眞行得通，行得好，人愈走愈富，愈來愈安定。兩相比較，兩社會的優劣，立即見高下，那時卽使人不滅你，你自己的人民也會起來造反。

爲今之計，面對如此「重商主義」挑戰下，中國應該好好檢討自己「重農抑商」的傳統，在理論上，抑商也沒有好的理論基礎，卽使是那抑商始祖的《商君書》也不算有什麼高明的立論，歷代的抑商基本思想也都只強調「囤積居奇」、「剝削利己」，翻開歷代的《食貨誌》，幾乎都是千遍一律在罵商人買賣糧食誤國誤民。

中共崇信馬克思的資本論，以為他的一套「剩餘價值」剝削論是顚撲不破的鐵律，中共更把這理論引伸到把商人當作是社會寄生蟲、社會吸血鬼，於是連帶也把商人商事看成洪水猛獸，把商人整鬪，把商事還原到要不便是物物交換，要不便是置於國家嚴格管制與操作下。

馬克思的資產階級剝削論當眞是顚撲不破的大道理麼？商事上的「大魚吃小魚」，互相併呑的現象，當眞是無可避免地要把人類推向大災難性的全面經濟崩毁，最後非要由無產階級起來大搞流血事件，非要把商事商人搞到絕，才能建立社會主義麼？有關這個答案，經過了百多年來的重商時代的發展，經過了不少對商人商事的研究，人類今天已遠比百多年前更加了解商人商事，許多商事法的成立、工商管理的完善體制、貨幣制度的改善、勞工待遇與保險法制的逐漸翻新與完善、工商業資源的發現與發明，那一樣不說明了在「重商」文化文明的發展下，人類原來對商人商事的看法，已有很大的突破，這種突破，陸續有來。

「大魚吃小魚」的現象，不是「剝削」的現象；資本累積的現象，也不是大魚吃小魚以自肥的現象。大魚要長要大，所以要吃，這是成長的規律，不要魚吃魚，不可能。把大魚除掉，讓小魚長，也不合乎成長的規律。因為大魚產卵多，小魚產卵少，留着產卵少的小魚，魚會愈來愈少，因為小魚還是要吃更小的魚，可見這不是好辦法。總之，魚吃魚、大吃小，是成長的規律，不必擔心，不會搞到魚絕種的，只有干擾這規律，魚才會絕種。總之，魚吃魚，不是剝削的現象，只有印魚緊貼在其他魚身上，吸取其血，最後令其貧血而死，這才是剝削的現象，只有這種寄生魚才是危險的寄生蟲，才該消滅，不消滅，魚便會絕種。

所以普通的魚吃魚，與印魚的吸魚不同，前者水產科學家不理，後者卻不能不理，道理便在此。

一九八七年二月九日

說鯊魚

在陸地上，人們形容一個東西的可怕，往往用「談虎色變」來表達，可見老虎是多麼可怕的東西。這種怕虎的心理，也早已在中國政治、文化、文學方面鑄造了一個很生動的藝術形象。例如孔子的「苛政猛於虎」，便是抓住怕老虎的心理來形容苛政的可怕。這故事描述孔子在偏僻村莊遇到一個慘哭的老婦，問其慘哭因由，老婦答到三代都被老虎吃掉了，孔子覺得她很可憐，便勸老婦搬到沒有虎的安全地帶，免得連老婦的性命也不保。出乎孔子意料之外，老婦竟說不搬，因爲這偏僻地方雖有猛虎，但無苛吏，所以寧願與虎爲鄰，不願與苛吏爲謀。孔子聽了，轉頭對其門徒說：「看，苛政猛於虎呀！」

又，《水滸傳》寫的是官逼民反的聚義故事，其中不知寫過多少英雄好漢拳打刀斬惡官的精彩場面，但最膾炙人口而最生動的故事莫過於武松打虎了，這個老虎是惡吏的形象。

可是中國人雖然創造了老虎可怕的藝術形象，卻不知道這地球上眞正可怕的東西，不是老虎，而是鯊魚。不是嗎？老虎雖然給人形容得那麼可怕，但老虎卻還可以被人訓練成寵物，在馬戲班表演，甚至有人豢養來像家犬那樣守門呢。可是至今還沒見過有人成功地把鯊魚馴養成海洋公園的寵物表演。老虎在自然環境中，並非見人便咬，牠還是怕人的哩，只要你不突然出現，嚇怕了牠，牠是很少會主動進攻人。據動物學家說，除非老虎曾吃過人，知道味道不錯，否則還是怕人的。又或者是年紀老了，獵人比獵動物易得多，所以才吃人的。而鯊魚則大大不同了，不管老幼，不管曾不曾嚐過人肉，只要到了牠的天地，一律進攻。其攻擊的可怕性，比在陸地上的老虎還要恐怖多了。這在西方的文化藝術早有創造，據說那最多讀者的聖經對這也早有談述。近來在好萊塢的電影對這也有非常成功的藝術造型，Jaw（大白鯊）一齣電影曾創下非常高的票房紀錄，當年放映時，搞到全個西方世界的泳灘如同被原子武器爆炸過後的冷清場面，不見人踪，可見鯊魚的可怕。進攻前，把背鰭露出水面，在周圍轉幾個圈，醞釀恐怖氣氛足夠後，然後落鰭一擊，刹那間，人沉血浮，水把血擴散後，使人見到了鮮血淋漓的場面，你以爲完場之際，人又往浮了出來，慘叫幾聲，鯊魚背鰭又露了出來，再度一擊，連上半身也不倖免。……

這種場面的確不算誇張，鯊魚的確有很多地方比老虎更可怕。除了完全沒可馴性比老虎可怕外，鯊魚最可怕的地方是牠對血腥的感覺比任何動物都要強，簡直有如雷達對聲波般一樣敏感，只要那裏有血腥，即使在數哩外，鯊魚很快便會趕到。筆者曾在墨西哥灣出海釣魚，只不過釣上三兩條三五斤重的魚，才不到半小時光景，魚掙扎時流出的血腥，很快便吸引了上百條的鯊魚在漁船四周游弋，從此沒有一條上鈎的魚能安全無恙地越過在水面上聚集的鯊羣，多數被對截咬斷，使到我們的釣魚無法進行。而牠又不是我們垂釣的對象，魚家逼得五度易位，都仍然逃不開牠們，船家說這是血腥引牠們而來，沒法避開的。海明威的《老人與海》中描述鯊魚將老人釣到的大魚轉瞬咬剩一把殘骨，一點不誇張。老虎怎及得上鯊魚對血腥的敏感？

此外，鯊魚比老虎的脾氣也要壞上百倍以上，就是因爲牠的脾氣太壞，所以無法馴服。曾有科學家在自然環境中作過實驗，把一塊血淋淋的牛肉挑動惡鯊，使牠見到吃不到，鯊魚不但不放棄，而且脾氣愈來愈大，最後竟然衝向船緣，把船板咬掉了一大口。在科學上曾引起爭論，紛說鯊魚到底會不會把魚船弄翻吃人，有一個理論認爲如果激怒了鯊魚，那是會的。

鯊魚還有一點比老虎強的地方，鯊魚的智慧遠比老虎低，這是鯊魚佔了大便宜的地方。一般人以爲地球上

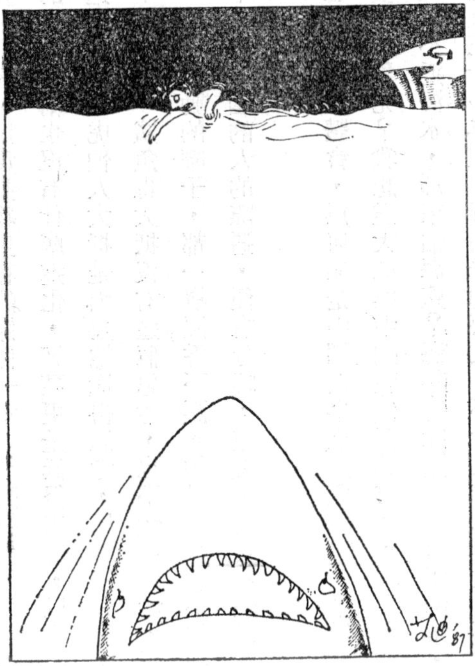

留存下來的動物比消失了的動物的智慧要來得高，以爲動物生存的條件一定要靠高智慧，那是不正確的看法。鯊魚是古生動物之一，牠的生理結構也沒有什麼進化，智慧更是低得出奇，只靠感性，理性幾乎零蛋，所以行動時「義無返顧」。老虎怕人大抵是因爲牠懂得思考，思考了覺得人的智慧比自己高得多，所以只好認輸，不敢造次。鯊魚也大抵沒有這個思考，也不懂得思考，所以行動起來毫無顧忌，人也好、魚也好，甚至浮動的罐子，都一概照吞不誤。如果大家還不信智慧較低較佔便宜的道理，便自己驗證一下自己周圍的人的際遇，便有分曉，這裏不需要我滔滔不絕。

既然鯊魚比老虎更可怕，而西方人也早有這個體會，爲何偏是中國人早沒這個認識呢？爲何不見中國人創造了什麼鯊魚可怕的深刻藝術形象呢？我想這大概與中國歷代海禁有關。歷代海禁條文嚴峻，違者往往以通敵罪名斬頭，既然不近海水，那來怕海鯊？海禁解除還是近百年的事，雖然這期間有不少鯊魚擊人的事，尤其是近三十多年來，近香港的海域，不少人游水逃亡，不少人被鯊魚吃掉，除了在報上有過動人的記載外，從沒有什麼藝術造型來烘托鯊魚的可怕。這應歸因於香港的商業社會對藝術感染很低調，如果換地換時換了孔子在香港，他見到有人竟然冒着比老虎還要可怕的鯊魚吃人的危險而逃來香港，他必然會寫出一篇「苛政猛於鯊」來的，我想他會寫的。

一九八七年二月十八日

紅潮

一位平日慣和我談時事的好友，見了我，劈頭便說：

「你對紅潮有沒有認識？」

「紅潮？」我一時摸不着頭腦，以爲他指的是最近中國批判「資產階級自由化」，所掀起的什麼紅色浪潮，於是蠻有把握地答道：「你說的是胡耀邦下臺、劉賓雁倒臺、上海的……」

「哈……我說的不是什麼湖不湖的，也不是上海什麼的，而是海上的紅潮。」

「海上的紅潮？你指的是？……」我給搞得眞有點胡塗了。

「我指的是海上的紅潮，你愛寫釣魚的文章，對這有研究吧？」

「哦，你指的是這個，我還以爲你另有所指。」於是我立卽想到，凡是住在香港的人都知道這東西啦，這是一種有毒的海水汚染，帶紅色，浮在水面上，跟着潮水而來，於是便得到「紅潮」的稱號，這東西好毒，不管是人或是魚，避之則吉。每當紅潮來的時候，不但魚要遭殃，連人也倒霉，要吃貴魚。漁民更倒霉，養的魚被毒殺了，損失很大。更沒奈何的，這種紅潮「不會聽長官意志話事」，更難預測它什麼時候來、什麼時候去，誰也保證不了它來或不來，想到了這一層，我便說道：「這東西，好痲煩，我只知道是一種污染……」

「不錯，是一種污染，是那一類的污染？你可說得出來嗎？」

是那一類？這眞考倒我了，這朋友是研究海洋生物的，我是研究政治的，那能與他談他的專業知識，不如談我的一套，於是笑着答道：「是『紅色』的一類污染。污染有好幾類，有黑色污染，那是由油船漏出來的黑色原油，漂浮在海上，魚沾上了，也是死路一條。其次，是一種青色污染，這種污染多在湖海發生，是工業污染的一種，中了這種毒的水呈綠色青光，看來很乾淨，可是什麼魚或草都長不了。總之，紅藍青白黃黑紫七種顏色，樣樣顏色都可以代表一種毒素、一種污染。但是這幾種污染中，紅色的污染最厲害……」

「你又知道？」朋友給我這一扯，對我的知識不知可否了。

「這是普通常識嘛，蘇聯有個死海，死海的過程，正要經過一個紅色的污染。現在這個死海的製造，又已在中東醞釀着，科學家叫這做『紅海』，在這紅海裏，海洋學家發現大規模的死亡過程，什麼魚蝦海草全都逐漸死亡。」

「想不到你對『紅海』也有這個認識。」

「我不但對這『紅海』有認識。」我說得興起，也顧不得他是海洋生物專家，自個搶着滔滔不絕：「我還對『紅雨』有認識呢！」

「說來聽聽？」

「馬克思說『工業革命』會帶來共產革命，這話說得很不錯，工業革命帶來空氣汚染，這裏那裏，時時都有下『紅雨』的現象，這種『紅雨』是一種嚴重的汚染現象，落下來的雨水都帶很強的毒害性。」

「照你這麼說，北京風沙季節所下來的紅雨，也是一種汚染了？」

「你敢說不是一種『汚染』麼？」我帶着一種挑戰性的口吻。

這朋友正想答話，我又加緊說道：「如果北京長期受紅雨挾帶着的風沙所侵襲，早晚就要被紅雨帶下來的風沙埋沒掉的，這何止是紅色的汚染這麼簡單，簡直是要被紅雨埋葬呢！」

「照你這麼說，這是馬克思始料所不及的吧？」

「這又不然」，我說得更與起了：「馬克思早已預料到，他不是說過嗎？社會走過了共產革命後，國家便不存在了。怎樣不存在？他沒分說，倒是後人當作是流血事件，如此紅雨紅潮，打打殺殺，最後人將不存，國將焉附？你說國家消亡不消亡！」

「你亂扯！」這朋友仍想說什麼。我搶着道：「不如說他們亂幹！」

＊一九八七年二月二十六日＊

鑼鼓與魚

前些時候，讀到一則新聞，說是福建省有一條溪流的鯉魚能跟隨着鑼鼓敲打而集合起來，這則新聞也的確發人深思。

怎樣解釋這樣的一種現象呢？我想研究魚類的科學家大抵會有一套理論可作解釋。作爲研究政治的我，也自有一套的解釋。

首先，這則新聞指出，同樣打鑼打鼓，在別條溪流並不發生同樣的現象，只有這條溪流的鯉魚有這種反應。可見這條溪流的鯉魚對鑼鼓特別敏感，爲什麼呢？用政治的角度來看，這條村在過去一段相當的時間，一定有過不少政治運動，而且在每次作政治集合時，也多是敲鑼打鼓，這樣的情況，不單對人發生集合的作用，連對鯉魚也都發生了集合的效果。

爲什麼別條村的鯉魚不能夠作出這種集合的反應呢？難道別條村沒有政治運動嗎？怎麼可能的事？不錯，別條村大抵也不能避免政治運動，但即使有，也未必採用鑼鼓來集合，即使也用鑼鼓，也未必有那麼多隊的鑼鼓，何況鑼有大鑼小鑼，鼓更有巨鼓小鼓，鑼鼓大小、頻率快慢、力度大小、有沒有喊殺喊打，更重要的，空間有沒有回音，這都會引致所發生的效果也都不同的。由此而更進一步推論，由這條村的鯉魚所作出那麼敏感的反應看來，可見這條村的政治運動必然有過一番狂熱。

鑼鼓對魚的感染，完全不足驚奇，驚奇的人才令人驚奇。如果中國人對鑼鼓的這種功力會覺得驚奇，他說他是中國人，那才令人懷疑，起碼，他沒有中國文化的修養或感染。因爲鑼鼓聲的衝力眞是無堅不摧，中國人也早有適當的形容詞，叫這做「鑼鼓喧天」。只要敲動鑼鼓，連天生耳聾的人也都難逃，因爲鑼鼓聲是靠震，不靠傳，是震動聲波，破浪而來，耳聾聽不到的人，全身皮膚倒非常敏感，被鑼鼓震一震，很難不感染到。這個常識連受教育很少的漁民也都能領略到。在中國的沿海岸，漁民都曉得用敲打鑼鼓來趕魚入網，可見鑼鼓聲震力竟也能破水而入，把魚嚇得失魂亂闖。

見到了鑼鼓的超級發音效果，你不得不佩服中國人祖先的發明天才，直到今天，音響的世界已是那麼先進，但仍沒有一種新的音響器材能夠蓋過鑼鼓。卽使是那以發明過人的「鬼佬」也都不得不「中爲洋用」，把中國人的鑼鼓搬到他們的交響樂隊去，每逢演到最高潮時總要出動我們的鑼鼓，大敲大打，叫你非要被擠出最厲害的音響感染不可，彷彿怕在座的有什麼聾啞人士似的。

更令人佩服的，不單是中國人有發明鑼鼓的天才，而且還有那利用鑼鼓搞政治運動的豐富想像力。正如西方交響樂團利用中國鑼鼓那樣，中國的政治家往往在政治運動搞到最高潮時，那種戰天鬪地的情緒無以復加，左衝右闖，什麼震動能比得上鑼鼓？於是在殺頭示衆時，敲鑼打鼓，把人集中起來，看熱鬧，叫劊子手當衆在鑼鼓喧天中，砍得更精采；在整人鬪人時，深怕集合的人不夠熱，也以鑼鼓助陣，奇怪，只要鑼鼓聲一打，本來是不忍卒睹的場面，刹那間，也都熱起來了，喊殺喊打的嘶叫聲，也都隨着鑼鼓的震動，要起便起、要落便落，叫被整被鬪的人，看到了羣衆同心同力要他衰、要他死的場面，不由得你不瞑目。比起西方人在行刑前，叫一個牧師拿一本聖經來，冷冷清清的禱告場面，中國人的敲鑼打鼓，確是叫服刑的更心服，而且還會被鑼鼓的熱鬧撼得心麻麻的，像魯迅筆下的阿Q行刑前的感受，不是麼？阿Q不是嫌不夠熱鬧，有點遺憾的麼？

鑼鼓在殺頭場合用得上，在政治運動用得上，在戰爭場面也都有很大功用，叫人衝鋒陷陣，用鼓來助威，收兵退逃則用鑼來催促。據說這種鑼鼓的妙用，比士氣、訓練往往還要關鍵，例如「三通鼓」的故事，說的便是帶兵的如何等待對方打了三通鼓，有點後勁不繼時，才擂第一通鼓迎戰，聽了敵人三通鼓，自己士氣鼓脹待發，一聲鼓下，便有特強的爆炸力。可見鑼鼓在戰場上還有要人不要命或逃命的功力。

鑼鼓對人有那麼的懾服與感召力，對野蠻的動物也都如此，中國人在過年過節舞龍舞獅的敲鑼打鼓，也很有現實意義的。不是麼？在馬戲班裏的虎獅表演，指揮這批野蠻的傢伙，使其跟着指揮棒，有節奏、有眼有板、很聽話地表演，也往往用鑼鼓助陣，可見鑼鼓連野獸的反叛性也給馴服下來，任由指揮，眞不簡單。

總之，由魚被鑼鼓集合，看到人被鑼鼓指揮，再看到鑼鼓幫助馴獸，可見鑼鼓確有收集魚心人心獸心的功用，中國人把這東西利用到政治上去，確是一種大發明，是協助專政的好法寶，是民主集中制的好幫手，不是麼？敲鑼打鼓，把人民集中起來，有人民在場，集中在一起聽從鑼鼓指揮，同聲同氣，有什麼還比這更「民主集中制」的？

＊一九八七年三月五日＊

老鼠與魷魚

話說老鼠經過連番運動後，終於發覺破除毒害的絕對安全辦法，便是只吃穀米，因爲老鼠從中國老百姓的碰面相問都是以「吃過飯了嗎？」這樣一句話，得到了啓示。中國老百姓自己也吃穀米，當然不會在穀米裏下毒，得到了這個安全秘訣後，於是便展開了那「以米爲綱」的七清八除運動，如此鬧了好幾年，苦是苦了一點，但爲了安全，不受毒害，那該稱是最偉大的歷史運動。

在這運動的同時，有些老鼠還進一步從吃米較安全的邏輯，想到城市毒害、農鄉安全的道理，於是又在「以米爲綱」的運動中，加插了「上山下鄉」的大遷徙。

經過了這兩大運動後，最高層的領導也就心安理得，認爲這種「淸毒」運動，救了老鼠們，應該永遠堅持下去。

可是，這種「堅持」畢竟使到老鼠的胃口大大受到限制，於是就有不少胃口較好、較大隻的老鼠首先帶頭到沿海各大城市去找魚蝦海鮮，一時之間，也都引來了不少大小老鼠，大伙兒吃得痛快，一時也忘了什麼「堅持」。

可是老鼠對經濟操作的爲害，很快被一些大商人所厭惡，而大商人一向是在海鮮酒家享受慣了的，從厨子裏知道老鼠最愛吃「魷魚」，雖然講不出個中道理，卻也知道在魷魚身上下毒是袪除老鼠的辦法。當然，這些老鼠「久旱逢甘露」，見了「魷魚」早已心猿意馬，那想到裏頭有毒，於是被毒害了不少。

這老鼠被毒害的消息，很快傳到了老鼠的中央領導，於是開了一個緊急會議。在會上，講不了三句，主題很快便涉及堅持吃米的問題，主米派振振有詞道：「這是我們從運動中找到的答案，是唯一不會毒害我們的食糧，爲了我們的民族，我們絕對絕對要誓死堅持，否則，我們都完啦！都完啦！」

反米派也不示弱，搶說道：「米也好、魚也好，吃什麼，本身不成問題，魚米本身並無毒，毒是人爲的。所以說到底，是人與鼠兩者之間的矛盾。如果我們老鼠採取開放政策，不要堅持什麼，我們甚麼都可吃時，大家求生路的機會便多了，便不會一味走到人的飯碗厨房去搶食，便不會激化與人的矛盾，搞到我們提心吊膽，走路怕中毒、吃東西怕中毒、呼吸空氣怕中毒，我們談毒害，談了這麼多年，其實，最大的毒害，是我們本身的『堅持』不開放，道理就這麼簡單。」

主米派怒喝道：「這簡直是反了，你們敢反我們身經百戰鬪爭得來的『堅持』！」

反米派知道這鬪爭已進入生死關頭，不得不堅持說下去：「我們不是反什麼，只是持事實、講道理，問題的確出在我們的『堅持』，什麼也沒有周旋餘地，我們大家鼠眼靈利，都看得清清楚楚。舉個例來說，美國紐約蠻漢灘的老鼠，個個像貓一樣大隻，吃得肥肥胖胖，走在街上，人都懶得多看一眼，貓更不必說，不管黑貓白貓，什麼貓都不敢動他們一根毫髮。反之，我們這些老鼠，走在這些開放區的大城市，人人喊打，美國的老鼠爲什麼比我們『巴閉』，原因無他，正是因爲牠們實行開放政策，老鼠都下海去捉海鮮，牠們尤其是喜歡自己下海去捉魷魚，因爲魷魚沒有骨，又跑得慢，那裏的老鼠都懂得自己浮在水裏，兩眼一開一閉，借那高樓大廈的燈光，在水裏反射出去，有如兩顆明亮的電燈泡，引來魷魚羣，魷魚喜愛燈光，都上了美國老鼠的當，所以這些老鼠吃得肥肥大大的，不必靠躦人的厨房與人爭食。中國人不是說過『厨裏無人莫去躦，朝裏無人莫問官』嗎？可見要躦人的厨房與人爭食，肯定與人鬧矛盾。美國老鼠不怕人下毒，因爲牠們懂得走開放政策，不堅持吃什麼，不堅持不吃什麼，吃的機會、吃的樣款便多了，自己不鬧矛盾，也不與人鬧矛盾……」

主米派實在聽不下去了，但爲了要讓反米派自己暴露弱點，待捉到了反動要點後才怒喝道：「你滿口美國老鼠又大又不怕中毒，這明明擺出姿態要『全盤西化』，這簡直就是『全盤造反』……」

反米派反擊道：「造反有理，便該造反。」

「全盤反動……」

「反動？堅持吃米，堅持這個不許改、那個不許改，這個『堅持』才眞正是反動！」反米派當眞也火光了。

可是主米派更火光，立卽被氣得唧唧連聲，好一會才喝道：「給我拉出去，給我拉出去……」

這是一個擴大的會議，主米派的老鼠多，反米派頭頭被連拖帶拉，把尾巴的皮也拉掉了，露出血淋淋的尾骨，主米派見了，連聲叫好，說：「這是砍『全盤西化』的尾巴！」

見到了反米派頭頭被拉斷尾巴的慘景，會議上原本還有其他反米派的老鼠，這時回復了鼠的本性，都把自己想吃沒骨頭的鱿魚的念頭都給躲藏起來了，而且都在附和着主米派的「堅持」，說吃米最安全，不怕中毒。於是會議在一片「堅持」聲中結束。

一九八七年三月十三日

說八爪魚

洋人的政治漫畫家愛用八爪魚來諷刺政客，而且也往往畫得非常得體、非常幽默，把那些愛搞手段的人，鞭撻得淋漓盡致。

八爪魚無論在樣貌、神態、一舉一動，也的確像一些愛搞手段的政客。

首先，且說牠的八爪，一般的魚都不長手的，不長手的原因，大抵因爲都懂得在海洋裏用不着手，搞手段更不實際。因爲一般的魚都懂得用吮吸攫取食物，更何況長着一雙或多雙手，游起來，「阻手阻腳」，更不是辦法，所以其他一般的魚都把手退化了。唯獨八爪魚，不但不懂得這個「退化」的需要，反而多長了幾雙出來，還以爲自己這麼多「手腳」是個聰明的辦法。殊不知，這些「手腳」不但幫不了牠更好地生存，反而是搞到牠因多手而引來更大災難，使牠成爲海生類最笨手笨腳、最愛爲其他魚類捕食的動物。而日本人更愛到全世界去捕撈八爪魚，把牠的八個爪切下來做成各式各樣的海鮮食物，眞是煎炒煮炸，什麼樣式都有，什麼正餐、副餐，連零食都派上用場，日本人長此搞下去，八爪魚不絕種才怪。

其次，一般的魚都長有一副非常敏感的探測器，只要有什麼異動，透過水的波動，那管是極輕微的，也都逃不過一般魚的探測器，是禍是福，馬上有所警覺。八爪魚卻不然，由於牠什麼都依賴這多出來的幾雙手，連八爪也當作是牠的觸覺工具，這便使牠常常陷於危境中，摸到什麼、感到什麼，多危險的辦法！由此可見，自以爲有手段，可以耍手段，太相信自己手段的後果，其他感官功能都要退化，八爪魚正是這樣的一種動物。

再其次，一般的魚都以變色來掩護自己，無論是覓食，或避難，都曉得把自己的身體與周遭環境混成一色，使對手走眼。這種辦法有實效，也易行。偏是八爪魚不懂得這一套，自恃有更好的掩護辦法，把自己的墨水當作是法寶。當碰上災禍時，因爲觸覺慢、靠手段的結果，常常錯過逃跑的良機，禍在旦夕時，才吐出墨水，把自己掩護其中，伺機逃跑。當然，這辦法非但沒有好實效，而且也非常危險。第一，水多墨少，能有多少墨來消耗？逃過一關，逃不過二關，八爪魚很快技窮矣！第二，放墨的辦法逃跑，很不可靠，愛捉八爪魚者不靠視覺神經，而是靠感覺神經，墨對它們沒作用。而放墨的結果，只會造成一點黑，反而引起更多愛捉八爪魚者前來圍捕，豈不弄巧反拙？

八爪魚有這三大笨拙，可見是個鞭撻那些愛搞手段的好題材。這個題材不單是西方人愛用，中國人很早也用上了。在《柳河東集》裏便有這麼一個描述，故事很短，很有意思，不妨全文抄下共賞：

「海之魚，有烏賊其名者，呴水而水烏。戲於岸間，懼物之窺己也，則呴水以自蔽。海鳥視之而疑，知其魚而攫之。

嗚呼！徒知自蔽以求全，不知滅迹以杜疑，爲窺者之所窺。哀哉！」

文中的烏賊與八爪魚同類，通常身體較八爪魚小，但卻比八爪魚多出一雙手，總之，烏賊也好，八爪魚也好，同樣會吐墨。人們強調其非的地方，一般都只看到牠的手與墨，其實，牠還有一個更大的特性鮮爲人留意，那便是八爪魚缺乏骨性。

談到八爪魚缺乏骨性的特點，更該大書特書，中國人捉住了牠這特點，把八爪魚及其同類的墨魚、章魚、烏賊，統稱爲柔魚，或魷魚。柔魚者，柔軟沒有骨性也。就是因爲沒有骨性，所以一般魚及一般人都愛吃牠。人甚至瞧不起這種沒骨性的柔魚，把牠來形容那些軟性人。這種人做事軟綿綿，提不起勁，又沒脾氣，不會搏殺。一旦被解僱，人叫他做「被炒魷魚」。相反，如果人有脾氣、敢搏殺、做事硬朗勤快，這種人老板多不敢開罪，即使開罪，他也會使個硬性子，反炒老板的魷魚。可見「魷魚」者，在中國人的日常用語中，已成爲是怕人，而不是被人怕的弱者的一方。日本人更是懂得利用八爪魚這種沒骨特性，把八爪魚的純白魚身磨成肉醬，然後把這肉醬冒充製成假帶子、假蟹肉。稍不留意，人便被瞞過，這都拜八爪魚魚身沒骨性及沒血性之賜。難怪日本人喜愛八爪魚，愛其沒骨性、沒血性，有商業價値。如果八爪魚有骨有血，便不易被日本人拿去「搵老襯」了。

＊一九八七年三月二十三日＊

任公子釣大魚

這是中國古時的一個寓言，故事述說任國有一個公子，非常有抱負、有遠見，有耐心，也很有辦法，更有一副好的心腸。他平日見了一般人釣魚，拿着小魚絲、小魚鈎、小竹竿，成天在小溪小河邊打轉，爲幾條小魚忙碌得不亦樂乎。任公子知道這些人這樣的搞法，是永世釣不到大魚的。於是任公子興起，做了一個特大的魚鈎，用粗大的繩子，以五十頭犍牛做餌，蹲在會稽山上，把魚竿伸到東海，每天一刻不停，足足釣了一年多，他終於釣到了一條大魚，這條大魚也的確不可思議，翻騰掙扎，捲起海浪如山崩，發出的叫聲，千里刺耳，令人心驚肉跳，可見這大魚上釣的偉大場面。

釣到了這條大魚後，任公子把牠分切了送給天下人，自浙江以東、南嶺以北的廣大地區，人人都飽嚐到這條大魚。

這個寓言的作者，明顯是想用任公子釣大魚來與一般沒有遠見而又小器的釣客作個比較，說明這些人與這些做法，是永遠也釣不到大魚的。因爲他們用不對的方法、不對的工具，在不對的地方，想釣大魚，怎麼可能？

這個寓言，是諷刺一般不通世情，只懂得與一般升斗人民論長論短、只懂得管他們吃飯種米，那麼狹窄、那麼有限的事務的人。他們動輒把江山、把資源、把人力局限，不准人民做這樣、幹那樣。一時怕人民吃得肥、吃得胖，一時又怕人民過份享受，是亡國的徵兆、是革命的絆腳石。這些人這樣的抱負、這樣的手法，即使能釣到魚，也只是小魚，不會把國家人民帶到什麼偉大的天地，也出不了什麼偉大的政治家。

說起中國的政治，像任公子那樣釣大魚的人物也實在太少了。雖然這個寓言裏沒有詳述魚上鈎後掙扎的複雜過程，但作者能用釣大魚的任公子來諷刺釣小魚的小器人物，可見作者非常熟悉釣大魚的技術，而作者用釣大魚來比喻經世濟國之才，也非常恰當。任何有過釣大魚經驗的人，都會知道，要釣大魚，首先要投大魚所好，不單是魚餌在量方面有足夠份量，在質方面也要有足夠吸引力。在這方面，使我想到，今之政客，只知道自己難做，就好像釣魚者拿不出本錢，在魚餌上下功夫，只想到省錢省功夫，而不站在大魚的立場想事，就好像政客不懂得站在人民立場想事一樣。只懂得自己難做，不給人民充分自由作出充分選擇、充分發揮自己，而想人民對國家有充分作爲，便把人民局限在只准耕作「以糧爲綱」的食物，什麼肉類瓜果，一概打入「以錢爲綱」，冠以「走資派」，最後搞到只有種稻才不開罪當官的，叫當官的容易當下去。到了這種田地，當官的確是像任公子故事中釣小魚的人物了，只懂得自己的天下難管，不知道人民還有其他慾望，當人民只能種米糧時，人民做不出其他什麼大事，國家又如何有大作爲？

大魚上釣後，也有很大的政治哲理在內，大魚掙扎的場面，任公子故事中，如此寫道：「已而大魚食之，牽巨鈎，陷沒而下，鶩揚而奮鬐，白波若山，海水震蕩，聲侔鬼神，憚赫千里。」把大魚上釣，形容成「鬼哭神號」、「心驚肉跳」，一點也不過份。到過夏威夷釣大魚的人，都知道那裏用的繞絲輪大過斗筒，超過百磅拉力的魚繩也很粗大，大魚上鈎後，繞絲輪上的魚繩被拉滑出如箭脫弦，不到幾分鐘，魚繩張力發熱如火炙。爲了怕人拗不過大魚，連人帶魚竿都縛緊在釘着的鐵椅上。據統計，有五成以上的人拗不過大魚而癱瘓下來，有的甚至心肌肉發痛，心臟病發，可見其緊張。任公子故事中沒說明他是不是用繞絲輪，可是時下全世界都用繞絲輪去釣大魚，沒這東西，沒法控制整個大魚掙扎的過程，究竟這繞絲輪有何秘訣？無他，用的是：「魚拉，我放，魚放，我拉。」這麼簡單的道理。繞絲輪收放線的設計，就是根據這道理：魚拉，輪自動放線，魚放，人便捉緊機會收線，如此一來一往，魚與人的矛盾便在這一拉一放、一放一拉的遊戲規則下，發揮得淋漓盡致。只拉不放，只放不拉，應拉不拉，應放不放，都是走失大魚的原因，而且拉放的機會非常緊湊，差之毫厘，失之千里。這與當政治國的道理有異曲同工之妙。印證於中國的政治，當眞有不少當政者，要不便是只懂得用「拉緊」政策，要不便是只會用「放任」政策，應拉緊不拉，應放鬆不放，要不便是亂放亂拉，不懂得適當地捕捉拉放的機會。結果搞到一放便亂，一亂便收，一收便死。碰上這麻煩的當政者，也該好好找個機會去釣釣大魚，好好買一副繞絲輪來，研究研究其結構與原理，學習其中的收放哲學。

據李約瑟的研究，最早發明繞絲輪的人，是中國人。他說早在晉朝時候便有了這東西，可是後來這東西在中國失傳了，再由西方發明出來，時下用的繞絲輪都是以西方的設計最爲巧妙，尤其是法國製造的 Mitchell 更是稱霸市場，美國製造的「大使」也不相伯仲。中國人早先發明繞絲輪，但卻不能興行天下，而早在中國失傳，可見中國人很久以前已懂得捕捉大魚的道理，只是不能普遍用這工具，所以失傳了，這多少可以反映一下中國的政治罷？這確是耐人尋味。

＊一九八七年四月一日＊

大魚大肉

大魚大肉，是中國人形容大吃大喝、吃得很奢侈的場面。

相信全世界沒有一個民族比得上中國人這種「大魚大肉」的作風，說得好聽，是慷慨、是好客，認眞思忖起來，無異是虐待自己的腸胃。

請客喝酒，大魚大肉，這種作風在香港尤其厲害。相信很多人都有這樣的經驗：請人、被請都是一種負擔，人情的負擔更甚於金錢的負擔，人情緊過債，被人請總得回請人。被人請時，推得一次，推不了二次，再三推時，人以爲不賞臉，不懂得人情世故，完全不應邀時，更會被視爲怪人一個。既然應邀，便得回請，一來一往，又怕在自己手上斷了線，非要堅持下去不可。更要命的，應酬張家，不能冷落李家，如此陳李黃何張，連環交戰下去，沒空沒錢，也都得死熬下去，如此惡性循環，一個月十六、七晚，餐餐大魚大肉，不是虐待腸胃啥？

記得十幾年前，在餐館吃飯，大魚大肉上桌後，下箸與否，悉聽君便，你想吃便多吃，不想多吃便少吃。如今卻不然，不管你吃不吃，侍應生卻是盤盤包空，菜甫上桌，便卽席瓜分，採用「連誅法」，人人均座，一個也逃不了。這方法善則善矣，主人見了開心，酒樓老板也開心。前者開心，因爲食物不浪費，後者開心，因爲顧客吃得快，消費快，又不怕主人眼見存貨多，有中途「斬倉」之虞。這樣的被迫飲食，比起以前由主人「御駕親征」，是文明得多，因爲不必怕主人顏面不好過而非要硬「嚓」不可，然而「大魚大肉」到了你碟子上，責任落在你身上，你敢暴殄天物？

大魚大肉的風氣，近年還更耍了不少花樣，本來大魚卽捕卽雪藏，是最新鮮不過的，偏是雪藏的魚被視爲不夠好，硬要把它養在小小魚缸裏，爲了證明眞的「生猛」，連魚缸也要擺在餐館面前，當作是「海鮮館」的招牌來昭告一番。殊不知，這做法是最不科學。在科學發達的國家，連三歲小童也曉得，魚是冷血動物，急凍是保鮮良策，養在水缸裏，任由牠打入氧氣維持生命，肉質便很快殘敗，被困水缸三兩天過後，連鰭尾都見骨了，與其說是「生猛游水」，不如說是「掙扎求存」。這樣的大魚，連吃也得考慮，莫說要花上三幾倍的價錢去買？如此可笑的花樣，再搞下去，豈不是有一天要把一隻活活的鷄、活活的豬、活活的牛，拉到你面前，當衆宰，以證明其鮮也？

大魚大肉，不但不講究食的衞生、不講究經濟原則、不體恤人情、不符合科學原則，同時也很不顧民族大義。這是我寫這篇小文章的最大宗旨。

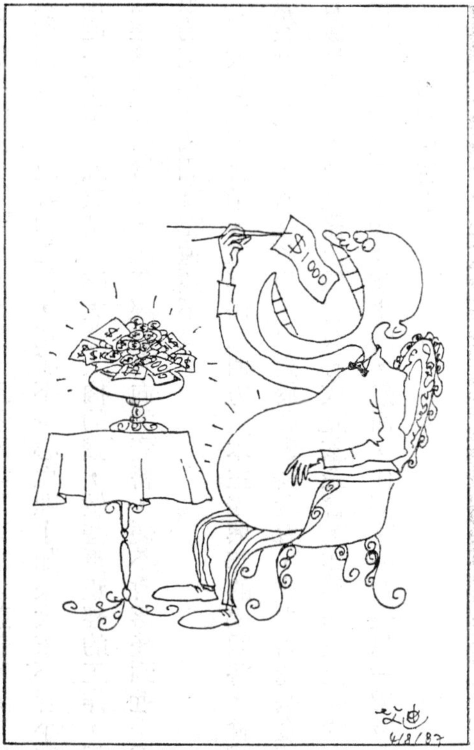

這是我心裏積累下來的，多年想說，而未曾敢直言的話，因爲說了怕友好難過，以爲我在罵某某、罵某某。其實不然，我這話是出於民族大義，不因個人而發。

我覺得我們人人如此把大魚大肉的作風再推波助瀾下去，我們的民族很快就要更加落後了。話怎麼說呢？我先請大家心裏盤算一下，尤其是那些做生意的大亨們，更加要好好估計一下，大家花在請酒吃大魚大肉的帳上，一年有多少？然後大家再盤算一下，花在公益金、教育基金、研究基金、專業結社團體活動獻金、買書買雜誌、專業商業性質的考察費用等等的支出，然後二相比較，數目誰大？不用我言明，大家應該知道其不妥了。

就以做生意來說吧！大家只知道，做生意搞應酬，大魚大肉是不可避免。然則大家可也知道，做生意也要做研究工作、做行情分析，不能單靠報紙的報導，還要靠更科學更學術的深入研究與分析。如今世界貿易、跨國投資日新月異，國際競爭也日益加劇，要保住海外華族的經濟實力，加強競爭能力，就要加緊發展研究機構、設立研究基金、栽培與重視研究人才，然而，我們在這方面的工作，又做了多少？反之，我們在請酒吃大魚大肉的錢與精神時間卻花了很多很多。

不錯，海外華族曾出過不少大慈善家，然而這些慈善家的總數與大富翁的總數，二相比較，卻又是「滄海一粟」呀，不信，且看看大教育家大慈善家陳嘉庚的《南僑回憶錄》，他爲了向他人勸捐做民族教育的工作，花了不少心血哩！如果大家不管小富大富，甚至是中等階級的，人人都能一年省下五次請客吃大魚大肉的錢，做些更正經的工作，相信我們海外華族對於成立研究華族經濟發展的機構，收集經濟動向的資料，便不會落後到近乎零的程度！比起日本人在這方面所做的工作，我們實在遠遠不及。

大思想家維栢，在其研究西方資本主義興起的成因時，曾歸因於新教徒的節儉習慣，這些新教徒勤儉起家，省吃省用，但對於教會辦教育、成立研究基金搞學術，卻不落人後，就以北美教育發展來看，新教徒出錢辦教育成立基金會，作爲學校永遠的經費來源，許多著名的大學中學，都由這些新教徒出錢辦起來的，然而，他們吃一餐也只一盤飯菜，人家的民族興起，出自有因，大家應加緊自省！

＊一九八七年四月八日＊

沙文魚

偶然讀到一則報導，說是有一位姓張的水產學家寫了一篇有關沙文魚的文章，非常感人，編者把它放在顯眼版位，而且還加以推崇一番，說讀了這樣的文章，令人非常想家，想那個大陸的家。

作者是通過想吃沙文魚，但價錢非常貴，吃不起，而想起從前在東北故鄉時，每到季節來臨，沙文魚回到內河產卵時，總會吃到又新鮮又甜美的沙文魚。可是遠離東北故鄉後，屈處海外，家鄉是那麼遙遠，而且還有蘇聯在黑龍江上駐紮大兵，軍事氣氛緊張，如此下去，何年何月才能再吃到故鄉的沙文魚呀？這是那位作者的感嘆。

說起沙文魚，也的確值得令人大書特書一番。這種魚有不少特點，其中最令人費解的，是沙文魚身上有一種認路回鄉的特異功能。根據科學家的研究，普通一條沙文魚，由河裏誕生至游回大海的三至五年期間，游程足有五六千海浬，游過的海域非常廣闊，以溫哥華作起點來算，每條沙文魚游程廣闊包括整個阿拉斯加海灣，然後再游回出生地點的河上游產卵，然後死去。令到科學家費解的，沙文魚為什麼能非常準確地游回出生地去傳繼後代？一說是靠牠的嗅覺，找出其出生地的水源，一說是靠其非常敏銳的腦磁力，找出其出生地的水源，因為每一條河流都有其特定的礦流質。總之，不管人如何分析，沙文魚回鄉的特異功能，還是衆說紛紜，莫衷一是。

觀其回鄉的過程，更是令人感動。每年到了季節，這些沙文魚便成千上萬，先是集中在河口海灣處，等到故鄉水溫到了適度，然後便成羣穿山越水，什麼淺灘急流、亂石飛瀑，都擋不了牠們的去路。從河口到上流淺溪，牠們往往要游過上千公里的水道，可見牠們回鄉的毅力。

中國人往往把魚當作是「相忘於江湖」，指牠們不念舊、不懷鄉。其實不然，沙文魚回鄉的勁兒，說明牠們對「故鄉水，故鄉情」是非常懷念的。牠們回到出生地產卵後，雌雄便齊都死去。這又有點像中國人的「臨老莫還鄉，還鄉須斷腸」的味道。其他的魚類，沒有要死在故鄉的深戀鄉土之情，獨是沙文魚如此，這也很像中國人，不管他們去國多遠多久，老了都想回到中國的故土去安息。有的甚至死了也要他們的兒孫把其骨灰骨頭捧回鄉安葬。

沙文魚也還有一個特點，魚肉都是紅色的，雖然依其體形與膚色，可分五種不同的沙文魚，但其肉色卻淸一色是紅的。在海洋上，牠們的膚色分別是黑色、銀色、粉紅色，但一旦到了故鄉，它們全都把膚色變成紅艷艷的，直到死去，也都維持紅色。

人們便依牠們的體形與膚色稱呼這些沙文魚。

體形大、很有份量的，人們叫牠「沙文王」。因爲牠們身體粗大，平均都有四五十磅重，有時還可重近百磅，所以牠們回鄉的機會便大受局限。故鄉河流水位太低時，牠們回不了家，往往要在河口海灣處躭上很長的時日，直到天公造美，下了場大雨，河水高漲了，牠們才能回家。有時天公不造美，遲遲不下雨，也有鄉情難抑的，便冒然衝上淺溪，沿途與淺灘作戰，最後落得被惡鳥攻擊，變得滿身創痕，死在淺灘上，暴屍荒野，令人看到了回鄉客的慘情，不禁爲之鼻酸。

與「沙文王」相反，體形最小，膚色帶粉紅的，人們叫牠作「粉紅沙文」，大的也不過七八來磅，通常只有三四磅重。因爲體小，「粉紅沙文」倒沒遭到像「沙文王」體大之累。所以牠們回鄉的經歷也較順利，不會因爲體大「搶眼」，遭受到惡鳥的侵襲，淺灘對牠們也沒多大的阻力，所以通常很少聽到牠們回鄉遇到無妄之災。

「紅沙文」的得名最得體，因爲牠們回到了家鄉後，立卽全身變得像《毛澤東語錄》的封面那樣鮮紅，而且也是五種沙文魚中，最愛鬥，最愛進攻異物的一種，只要見到水裏有非其類的游動物體，牠便奮起進擊，所以垂釣者最愛「紅沙文」，因爲牠們易上鈎，而且好鬥，令人分分鐘都要心驚膽跳。估計其回鄉後變得渾身通紅的原因，大抵是因此容易分出敵我兩色之不同吧？

與「紅沙文」相異的，「銀沙文」回鄉後也都仍維持相當明顯的銀灰色，由於其身披銀色很像做硬幣的銀，一般餐館酒店都愛用其作自助餐的上品，所以牠回鄉的最大敵人倒是那些專愛在銀錢上挖心眼的商業漁民了。

「索眼沙文」最奇，一般沙文魚回到家鄉後，頂多變色，但不變形，「索眼沙文」卻不然，雄的這時都變得隆背尖嘴，雌的則維持身形不變。這種變形，深究起來，非常不科學，不懂得適應環境。試想故鄉水淺，隆起背來露出水面，豈不招來橫禍？這樣不合理的事，大抵只會發生在回鄉熱，一心只想死在家鄉者的身上。

每當看到了這些沙文魚掙扎着回鄉的情景，我總愛連想到當年從海外回去中國的海外中國人，他們從海外千山萬水，越洋回歸，其中經過多少風險阻難。他們這種回鄉的熱忱，後來都遭受到文革的洗禮，而變成一場惡夢。看看這些中國人，又看看這些沙文魚，我不知道如何寫下去，是祝福他們能如願有幸死在家鄉嗎？抑或是應該說些什麼的？我不知道。

＊一九八七年四月十五日＊

颱風與公衆恐慌

話說西海龍王深受颱風的干擾，每當颱風刮起，雖然住在水宮裏，不受颱風影響，衆魚兒不該驚惶才是，可是偏偏引起公衆驚惶，實在有辱龍王江山，不能再讓這事發生下去，於是想到向衆卿家要辦法，把這事壓下去。

沒骨的大魷魚一向游得不快，而且又不善找躲藏地點，最怕大風大浪，因此首先跳出來講話：「龍王在上，依臣之見，要颱風不刮，是辦不到的事，所以要解決颱風的干擾，善善之策，該是想辦法做預報的工作，有了預報，大家知道颱風什麼時候來，早有心理準備，有所打算，便不會臨場驚惶。抵擋得住的，自有辦法應付；抵擋不住的，也早該溜了。這便可以解決『公衆驚惶』的問題。」

鯊魚不同意預報的辦法，因爲牠喜歡搞「公衆驚惶」，只有這樣牠才能趁火打刼。於是鯊大臣立卽反對說：「龍王明鑒，依臣之見，颱風沒什麼可怕，可怕的是那些興風作浪的。颱風原已麻煩得要命，但這些興風作浪的還趁機在浪裏翻騰，唯恐天下不亂。所以引起公衆驚惶的，正是這些興風作浪者，不是颱風。要處理的也是這些興風作浪者，不是颱風。」

左口魚聽了鯊魚這話，暗暗高興，心裏馬上響應，一面也暗忖道：「好個鯊魚呀！鯊魚！你這番話正合我意，我也很了解你心意，處理興風作浪的，無非要把他們從浪頂拉下來，你我都有着數，我只在海底活動，當然希望在海面上逐浪的都被趕到水底來，你也然，也都希望魚羣游在水底，任由你生殺予奪，妙也！妙也！」心裏雖這麼想，但卻並不說出口，因爲左口魚說一邊的話，怕說偏了，給人笑話，所以一向很少說話，由鯊魚那樣的惡魚出面爲自己放放氣球，倒不錯哩！

豚魚靈敏得很，那裏會不明鯊魚的惡意，馬上反擊道：「龍王明察，颱風來前，氣流急轉，天氣不穩定，一般子民抵擋不過颱風的，都得找安身避險的地方，游在浪頂，隨波逐浪，不是興風作浪，公衆驚惶，更非什麼唯恐天下不亂。所以，依臣之見，鯊大臣的話，另有私心，不足信……。」

鯊魚一向凶惡，那等豚魚把話說完，立即爭着還擊：「我王明鑒，興風作浪者已經自己跳出來了！」說罷，指着豚魚道：「你敢說你不常常在白浪裏翻騰，興風作浪？」

豚魚也有一手，從來沒怕過鯊魚，從容道：「不錯，我常常在白浪裏翻騰，但不是興風作浪，颱風海浪，不因我而起，所以不該說是我興風作浪。我在浪裏翻騰，只是報導颱風的風訊，聰明有經驗的漁民，都會知道我只是報訊者，不是興風作浪者，所以漁民都曉得感激我，他們是非黑白非常清楚，不會蠢到那麼交關，怪責颱風怪到報訊者的身上來。」

龍王深怕豚鯊一來一往，沒個了休，把朕家的正經事都辦不上來，於是趁隙問豚大臣道：「依你之見，你是贊成魷大臣的主張，採用預報的方法。既如此，衆卿家就專注討論怎樣找出個好的預報方法來！」

鯊魚一向只曉得窮追不放，那肯放過豚魚：「如當眞要採納預報的辦法，首先得看預報辦法的可信不可信。無可懷疑的，報訊者往往會濫用職權……」

豚魚也立即知道鯊魚另有所指，說的是牠常常報道鯊魚行踪，好讓懼鯊者預早逃亡，於是也不甘示弱：「不錯，要看預報者可信不可信，更重要的，也要看聽報者有沒有別的居心。」

鯊魚馬上圓睜惡眼，好像捉到豚魚什麼似的：「龍王明鑒，他這話別有所指！」

豚魚不等龍王搭腔，便早接話道：「說得明白，我指的是有很多東西，說者無心，聽者有意，該叫誰負責？舉個例子來說：中國歷史上有多少個探子被殺的好笑故事，探子明明是用來打探眞實的情況，偏是打探到敵軍節節勝利時，探子便要被拉出去斬，說是擾亂軍心，該斬。再派，再報，再斬，如此折騰幾番，聰明的探子，只好謊報，反而得到黃金獎償。這種笑話，說明了當政者看到『報喜』便喜，看到『報憂』便怒。」

鯊魚這時暴怒道：「反了！反了！在吾王面前罵當政者，反了！反了！」

龍王是變色魚之王，喜怒不形於色，這時看不出其眞正顏色，倒是聽到牠心平氣和地說：「鯊卿勿躁，這是民主社會，應該讓豚卿說下去。」說着很客氣地對豚魚說：「豚卿似仍有話說？」

豚魚也不慌不忙，說：「鯊大臣眼前這一副嘴臉，使我想起孔子的一個故事：孔子在陳蔡被困，七天沒飯吃，只好天天睡覺保存氣力。一天，他半睡中，看見顏回不知從那兒弄到一些米在煮着，不一會，看見顏回抓甑裏的飯吃，孔子不出聲。吃飯前，孔子說：『剛才我夢見祖先，要我把最潔淨的飯拜祭他們。』說時正想取飯作拜祭用，不料，顏回急急阻止孔子，一面說：『不行，剛才煮飯時，有灰塵掉進甑裏，把飯弄髒了一些，丟掉不好，我用手抓出來吃了。』孔子聽了嘆道：『所信者目也，而目猶不可信；所持者心也，而心猶不足恃。弟子記之，知人固不易矣！』孔子這則故事，說明了知人不易，知事更難，因爲人已不易了解，他做的事是什麼用心，豈不更不易知？方才我明明出自好意的說理，鯊大臣卻又以爲我有造反之意！這說明了預報颱風的事，難矣！何況預報的事更涉及公衆驚慌，更難矣！」

這時沉在海底的蚌大臣馬上開口了，牠一向有一個信條：閉嘴。牠討厭魚的世界太多嘴，沒一秒鐘不開嘴，討厭。如果像牠一樣常常閉嘴，多好，連珍珠也保得住，牠要自己閉嘴，也要其他魚閉嘴，因此牠像仗義執言似地道：「龍王，依我之見，如果怕浪頂太高，怕有魚興風作浪，不妨來一個底線政策，這條底線劃得愈低愈好，越離浪頂愈好，使衆魚兒感不到風、觸不到浪，像我一樣，長年爬在海底，常常合蚌不視，不開嘴、不講話，連珍珠也養出來，不但天下太平，而且珠光寶氣呢！」

好個天下太平、珠光寶氣，龍王喜道：「蚌卿高見，就這麼辦，劃個底線，就劃到海底，颱風浪頂在上，魚兒在海底，感不到浪、受不到風，公衆再不受驚慌，好嘢！」

龍王說罷，宣布退朝，有魚兒心慽慽焉。

一九八七年四月二十二日

鹹魚與政治

在火車廂上碰到李君，他劈頭便說：「在這兒碰上你，眞好，我一直想和你說，你旣然愛用魚寫政治，爲什麼不寫寫鹹魚？」

「寫鹹魚？」他這話卽刻觸動了我的思想，經閃電般搜索了原先輸入腦袋的資料，立時記得一件歷史大事，那便是秦始皇駕崩時，適在外出巡，趙高爲了奪權，把消息壓住，又怕屍體發臭洩露秘密，於是想到用鹹魚來蓋着臭味，一路遮遮掩掩，終於安然返抵國都，成功將異己排除，廢了太子，奪得政權。除此之外，鹹魚也沒有什麼了不起的政治，於是淡然答道：「鹹魚與政治，沒什麼好寫吧？」

「赫！沒什麼好寫？你細細想一想！」

「你倒是使我記起秦始皇與鹹魚的事，除此之外，我還沒想到鹹魚有什麼相關的政治可以寫。」

「赫！你不是開玩笑吧？鹹魚沒有什麼的政治可以寫？你再細細想想！」

車廂那麼吵雜，怎可以想東西，我只好投降，說：「別賣關子了，你有什麼高見，我很想聽聽。」

「這還有點像話，如果你堅持說鹹魚沒有什麼的政治可以寫，我可要說你沒好好動動你的腦子了。」說着，李君得意地笑了笑，續道：「其實，認眞說起來，中國的整套政治文化，就是鹹魚文化，中國的整部政治史，就是鹹魚史，中國的整套政治哲學，就是鹹魚哲學。」

嘩！這一下眞是使我更招架不來，一連串的鹹魚政治文化、鹹魚政治史、鹹魚政治哲學，更使我摸不着頭腦，正想講什麼時，李君搶先說：「你不以爲然嗎？我說了你便不會不以爲然了。你細細想一想：中國的政治文化、政治史、政治哲學，全部都在搞鹹魚的工作，而且是愈搞愈熱烈。以前，就說孔子以前吧！還有什麼『三皇五帝』的清香，孔子之後的整個政治演變，始終出不了一位或聖或皇的人物，而且愈是後來的政治人物，便愈有臭名昭彰的趨勢，而且愈是近世，便愈是要把對手鬪死鬪臭爲能事，打擊對手，蓄意把他鬪死鬪臭，這樣的心態所演變出來的政治文化，不是鹹魚文化是什麼？這樣以鬪臭人爲演變的歷史，不是鹹魚歷史是什麼？這樣以鬪臭人爲高明的哲學，不是鹹魚哲學是什麼？總之，中國的政治成功的標準，便是雙方在互相撒鹽，用鹽來把對方埋葬，誰的手慢，誰便被醃成鹹魚，發臭發爛，叫人記得他『遺臭萬年』。」

「被罵的人，的確不能『留芳千古』嘛！」我仍不很了解他的論點。

「不錯，這些人的確不夠資格『留芳千古』，可是，當雙方鄙劣手段無不用其極時，以牙還牙，互相撒鹽的結果，早晚都要成爲鹹魚一條，卽使自己不承認，別人也當他鹹魚般對待，現在自認不是，將來也要被人當鹹魚論。這樣的政治演變，難怪『三皇五帝』之後，不出聖皇。」

「這不能全怪中國人，政治這東西，原本就是講權力鬪爭嘛，西方人何嘗不是如此，他們也出了不少鹹魚呢！」

「你說得不錯，政治是講權力，他們在歷史上也出了不少大鹹魚，但西方人卻在近代史上有了一個大轉折，他們知道政治這東西，壞就壞在權力在作祟，因此，他們早就成功地想到各種方法來卡住權力，不讓當權者濫用權力，這一來，人人都能因此保住了英名。」說到這，李君突然話鋒一轉，說：

「你不覺得這幾十年來，甚至近百多二百年來，他們愈來愈少出現又臭又大的鹹魚嗎？」

我說：「假使你不把蘇聯、意大利，與德國計算在內，這情況倒是眞的。」

「好，就撇開這些國家，甚至專講英語系的國家，你不發覺人家另有一套嗎？」

「另有一套？你是指……」

「我是指他們不再互相撒鹽，互造大鹹魚，而是用新的一套，我叫這一套爲『急凍法』。這一套與中國人的鹹醃法不同，中國人這一套把對手鬪死鬪臭，一旦被醃製，遺臭萬年，永不翻身。他們這一套卻不然，知道某人不妥，立刻加以『急凍』，免得他發臭。急凍的結果旣不發臭，也不燻得叫人窒息，被急凍的人也因此又及時煞車，免得累人累己，事過境遷，斯人有悔，還有機會被解凍，重新活動。這種情況要以尼克遜爲最好的例子，美國開國二百多年，像尼克遜這樣想專權惡幹下去的，理應不少，但都被及時『急凍』，否則，大可以用中國人的鹹醃法，將他做成一條大鹹魚。」

說到這，站在李君旁邊的一個人突然開口道：「你的話講得不錯，如果他們一再如此叫香港這樣不得做，那樣不得講，又說『四個堅持』怎樣怎樣香，『資本主義』怎麼怎麼臭，『資產階級自由化』如此如此臭，這擺明是有意要把香港做成一條臭鹹魚嘛！雖然說香港有五十年不變，五十年以後如何？到時還不是一條鹹魚？」

李君正想答話，可是已到站了，大家只好在此分手。

＊一九八七年五月十四日＊

魚線相纏的故事

話說有二垂釣客，一姓白，一姓紅，兩人下釣於香江，江上水流急，可供下釣的地方不多，偎在一起，易生爭執。紅白二人於是劃地爲界，紅在上，白在下，各就各位。

不旋踵，白君有魚上釣，喜不自勝，一時呼，一時叫，又跳又躍，當然，更不斷斜眼瞟那位姓紅的。紅君冷在一邊，本已有火，眼見姓白的那麼得意，更不是味兒。而姓白的，見姓紅的滿臉悻然，並帶醋意，更下定決心，遲遲不收緊魚線，好讓魚兒多在江裏上下多闖幾次，挖苦一下姓紅的。

不料，姓紅的也猛然抽線了，狂喜自不在話下，心裏早忖上千百次：風景不讓那邊專美！爲了壯大聲勢，也呼也叫，更不忘也跳也躍。猴嬉般鬧了好一陣，終於覺得不妙，原以爲有魚上鈎，查實，又覺得不對，好像是姓白的魚繞上了自己的魚線了。斜眼瞟姓白的，也見他竿上的線時緊時弛，而姓白的也早探出了姓紅的魚線繞上了自己的魚兒。可是，姓紅的那肯這麼相宜，替姓白的解開困局，馬上想到報復，佯作不知有魚線相繞這回事，更作狀狂喜，拉、扯、抽，直把姓白的搞得冷熱汗直流，深怕魚兒被搞走了。爲了挽救這條魚，白君也緊張地隨着紅君的拉扯抽被迫相應地採用放鬆送政策。當然，紅君不會蠢得那麼交關，他存心要戲弄白君，所以也不一味拉扯，也相應地採用放鬆送辦法。在這當兒，白君也只能無奈地回以拉扯抽。如此紅白一來一往，魚兒便在江中也左也右、一上一下、不左不右、不上不下，如此折騰了好些時辰，什麼神經系統都掌握在紅君手中了。他擁有一切破壞的力量，只要他心一狠，死緊一抽，線割線，那怕魚兒不斷絲而去？

無奈之餘，白君和紅君談判，白君原以爲道理在自己一邊，因爲魚是在自己領土上釣的，何況二人已劃地爲界。不料，紅君卻還有話說，不理魚在何處被何人釣上，只要是在他的領土內被他的魚線鈎上，這一來他領土內的魚會被嚇走，二來魚上不上岸還得賴他的魚線合不合作，三來他的魚線被繞住已把他釣魚的機會拉垮了。這筆帳要怎麼算？何況，同個地方，同條河水，同時釣魚，要有收穫，還得賴大家多多合作。紅君爭論着：他不丟石塊，有耐性，有紀律，整條河才講得上有「安定」，否則，魚兒驚魂不定，誰也沒有機會。

姓白的聽了這些話，當然不是味道，可是誰叫這條魚繞上了他的線，這樣的是非，再爭下去，是自己找霉頭。於是只好忍氣吞聲，答應紅君不少條件，最重要的一條，是讓紅君分享這條魚。

於是這場釣魚的局面立卽有了基本戰略性的轉變，原先是紅白對立，這一來卻變成了紅白合作了。本來，如果紅白不是先前有了敵對關係的芥蒂，這場合作也許會減了不少風險，偏是兩人的恩怨很多，一時不易一筆勾銷，於是搞得這場合作又進入另一個驚險的局面。原本應該你拉我放，反而搞到時時對拉，時時共放；應該你送我放，竟然是齊齊送，沒人收；應該是我扯你來，竟然是你扯我不來。搞到後來竟是雙方沒有共同行動，沒有共同語言，你說直，我以爲曲。擾攘了老半天，終於雙方愈來愈不信任，以爲對方有意搞陰謀，不照本子幹。長此下去，紅白都想到，這不是辦法。

於是紅白又坐下來想理出個頭緒，他們很快便發覺，原來雙方連你放我收這麼簡單的辦法也都不知如何銜接。紅君要白君不能放得快，也不能放得慢，快慢要看他如何收而定出標準。而白君卻怪紅君的線纏得不清不楚，魚是他釣到的，應該以他的主線爲主力，他如何放，紅君便應如何收，紅君不能多加拉扯干擾，這樣會把魚兒搞跑了。紅君說他的捲線輪不夠靈活，時時會有齒牙阻線的毛病，回應不了白君的收放速度。白君則說紅君的魚線較他的粗大，經不起紅君的拉扯，紅君只能依他的收放爲收放，否則他的線便會被紅線割斷。紅君爭論說他的線纏住白君的線，應該是他的線拉着白君的線跑，因此兩人銜接的問題應該是白爲從，紅爲主，要看紅如何收，白便該如何放。可是，白君也有話，他說兩人收放銜接的問題，應該以魚爲主，魚在他的鈎上，拉的是他的線，只要紅君不干擾，魚自然便聽由他指揮了。……

兩人如此爭持不下，魚兒也在江中游擺不定，彼此對對方沒有信心，也都沒有信賴。沒信心、沒信賴，江水也變得特別洶急，上鈎的魚兒好不是味道，在水中長期掙扎，也長期送出危險的訊號，其他的魚兒領受到這訊號，驚慌游閃開去了。

紅君的線卻始終纏住白君的，兩人爲銜接問題纏個不休、纏個不清！

＊一九八七年五月八日＊

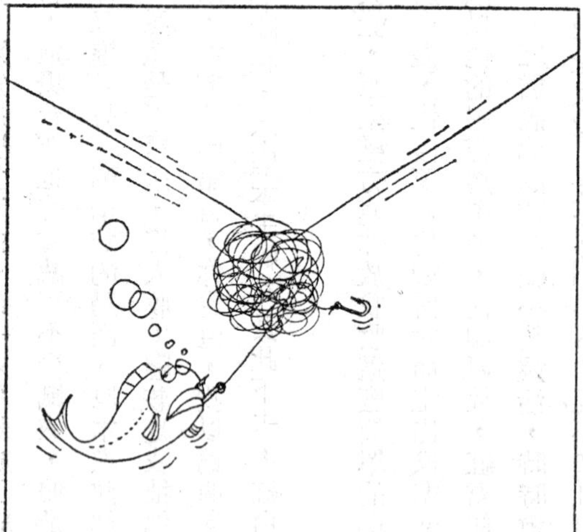

從賴尿蝦說起

賴尿蝦的特別是遇到危急時會賴尿，漁民見這特點，便稱之爲「賴尿蝦」，因爲這渾號，把賴尿蝦叫賤了。一直以來，在魚市場上，賴尿蝦總是被低價出售，只有低下層的人看在賤價份上才買。一般請客吃飯，不吃這東西，怕得罪朋友，可見這「賴尿」一名作賤天物的威力。

可是，富於創新的香港酒樓，最近卻在這賤物身上看到了新的生意。原來大隻的賴尿蝦斤兩不下於龍蝦，味道也有過之而無不及，因此特別挑大隻的，冠以什麼龍名，便在高雅的酒樓上出現。在此之前，市面上很少見大隻的賴尿蝦，現在漁家見價錢不菲，也都不再收起來自吃，於是大賴尿蝦便在流浮山或鯉魚門這些海鮮熱門地方，當作招牌貨招徠生意了。

賴尿蝦的賴尿並非眞正的賴尿，而是一種自衞動作，被漁民捉住或碰上什麼危急時，從其下體突然射出液體，希望藉此嚇怕敵手，乘機脫險逃去。漁民也夠幽默，把這一招當作是這種蝦怯懦得賴尿，因此把牠當作賤物，稱其爲賴尿的膽小鬼，甚至連身價也因此被作賤了。可見中國人多瞧不起膽小、挺不起胸膛、畏頭畏尾、遇險便嚇得屁滾尿流的傢伙。

中國人的這種視「賴尿」爲不是英雄好漢的心態，正說明了中國人的政治很難搞，「不是請客吃飯」，便是「斬頭」的玩意。毛澤東早就警告過中國人，而歷代的政治史，也說明了一個事實，成則爲王，敗則爲寇，成了階下囚時，便只好被拉去斬頭。

一般老百姓，有家有室，有兒有女，有老要養，付不起這個「斬頭」的代價，甚至也怕連累九族，於是大家只好談政色變，惹上官非時，更難有幾個不賴尿的。因此，不賴尿、敢拋頭臚的，便成了英雄好漢，被人佩服，更被認定這江山是非他莫屬，因爲人敢拿命去拼，自己沒這膽色，不服又如何？因爲一般老百姓有這個心態，中國的政治也就在這種老百姓的心態中，逐漸養成了「英雄式」的政治。玩的人當作「英雄式」的政治去玩，一般百姓便在臺下看熱鬧，在一旁欣賞，戲演完了，英雄盜寇分曉時，便各自散去，直到另一幕上演，才又當作觀衆般欣賞，彷彿他們的責任只是扮演觀衆的角色，政治參與沒他們的份，更從不敢想像自己是主人翁。這也難怪，因爲政治既成了斬頭的玩意，也就難有幾個不成爲「賴尿蝦」的，自己捺不住不賴尿，只好退在一旁，欣賞英雄，崇拜英雄，而英雄呢？也在這般老百姓推崇下，與日俱增地逐漸養成「天子」的自尊，瞧不起這般捺不住不賴尿的老百姓。因爲瞧不起老百姓，又以「天子」自居，幹起治國的事來，便處處表現「君臨」天下，要你生，是我這個天子的恩賜；要你死，也是我這個統治者的權利。統治者這一邊既是如此「天子」心態，老百姓那一邊卻又是怕「賴尿」，一邊是被歌頌得昏了，一邊是怕得昏了。

中國人的政治便在這種惡性循環規律下，逃不過封建的魔掌，搞不出民主現代化的局面來。

反觀西方的政治，且不說他們如何搞出民主的局面，他們今天的政治，最成功的一點，便是政治再也不是什麼「斬頭」的玩意。因爲他們政權的轉換有一套不用斬頭的辦法，也不用英雄氣慨，很低調，很平心氣和，這一套辦法最關鍵的地方，便是用人民投票來選出政府，用投票來代替槍彈，用人民投票來取代「英雄式」的交戰。因爲他們的政治避開了「英雄式」的混戰，也就避開了國家民族的、場場演不完的兵荒馬亂。因爲他們的政治沒有這種斬頭的玩意，他們的老百姓也就不會怕政治怕到「賴尿」。他們的所謂政治現代化，道理就是這麼簡單，關鍵就在於他們能成功用人民投票來代替「英雄式」的爭奪天下。

可是道理雖然那麼淺顯，要中國這個龍的家鄉的龍子龍孫眞正去實踐，卻是很難很難，我們接觸西方政治文化何止百年？中間經過像嚴復、梁啓超等等數以千計萬計的知識分子振臂高呼，要中國人學西方的政治現代化，但時至今日，在此時此地的香港，那麼開放的香港，那麼頻頻接觸西方文化的香港，竟然一談到香港主權回歸，一談到政治改革，一談到建立一個由人民投票選舉政府制度，便有不少龍種跳出來高聲呼不可，說是這樣下去天下會大亂，說是北京不會坐視香港如此政改，說是中國忍受不了如此這般「還政於民」，說是中國人有自己獨特的政治文化，接受不了這種由人民投票選舉政府的辦法，理由？簡單得很，中共不會如此輕易就由人民投票去把他的政權投下來！因爲有四個「堅持」，因爲有鄧小平的警告：要想把共黨政權拉下馬，無商量，因爲這一着非要搞到中國大亂不可，爲什麼會大亂？因爲共產黨既然不肯讓人民投票選舉政府的辦法，要把共產黨拉下來，便非要捺住不賴尿不可，試想世間上又有幾個斬頭而又捺得住不賴尿的「英雄」？偏是這江山「代有英雄出」，所以北京這些由延安訓練出來的老英雄，過慣了英雄史詩式的生活，自古英雄怕寂寞，所以他們也就頻頻拍胸膛，指着大家說，有種不賴尿的，不要談人民選舉政府，拍胸膛與他們玩一齣英雄戲，好豪情！

沒種的，只好做「賴尿蝦」。連這麼平和的投票辦法也接受不了，看來中國人的災難還有很長的日子！天哪！

一九八七年五月二十七日

盲眼魚

最近香港的政治氣候很不安定，搞得政海翻騰，許多魚蝦蟹都跳出來「搵食」，也正是魚汛高潮，釣魚的黃金時間。

我愛好釣魚，當然不會錯過這好機會。果然，很快便釣到了一條大鱸魚。

正在萬分高興之際，不料船家卻帶着惋惜而又警告的語氣，指着這條掙扎着的大鱸魚，說：「香港的鱸魚已不比以前值錢了，你拿回去，要小心，不好當大餐吃，偶然吃吃，不傷胃，長吃、大吃，卻萬萬不能！」

「為什麼呢？」我好奇而帶點不信的口脗問。

「你還不知道嗎？香港的海水被嚴重污染，鱸魚怕浪，習性喜愛在海底搵食，所以污染得特別快，通身都帶臭『火水味』，上口都要考慮，莫說吃呢！」

「火水味？」我更好奇了，「為什麼是火水味呢？」

「汚染嘛！」說着，船家笑笑，彷彿笑我這斯文人竟是無知得交關，連汚染的常識也缺乏。

我馬上辯解似地連說帶問：「我明白是汚染，但爲什麼是火水味，而不帶其他臭味？」

船家笑笑地說：「你不見整個港口都是船嗎？都載有第五類的易燃東西，怎不叫魚都染上臭火水味呢！很快連人也帶上臭火水味，變成非常火爆了。」

我本還想問些什麼，但見船家觸及火爆的話題時，臉上的笑容登時散了，換上的是嚴肅不耐煩的樣子，我知道香港人最不耐煩無知的人，於是便也靜默下來，自個檢視這條大鱸魚，一面也在想：

「爲什麼叫這傢伙爲鱸魚呢？眞不解！」

鱸魚據說是中國水域的特產，所謂特產，也就是其他的地方沒有這東西，這相信是對的，因爲這東西雖然愛在深水海底搵食，愛在夜間活動，不喜歡陽光，但胃口卻很大，愛吃蝦類等高級食物，也很活躍，所以常常容易給魚民捕捉到。既然是這麼一種 public figure 的魚類，想必不易隱藏，其他地方若有此魚，也不應不被發現才是。所以是中國水域的特產，該不會錯吧！

然而，細看這傢伙的眼睛，卻又很像北美洲的 Walleye，Walleye 這字很難搞，翻閱字典，被譯爲「眼睛突出的魚」，這個譯名很不得體，何況比這更突眼的魚還多呢，得體的譯名，應該是「牆眼魚」，眼睛面壁，也就是「向壁虛構」的意思，這說明這種魚的眼光短，或者全無眼光，近於盲目，所以更得體的譯法應是「盲目魚」，何況 Walleye 的眼睛很像盲人的雙眼，帶白色質的盲睛，可見西方人叫這北美洲、樣子像中國的鱸魚爲「盲目魚」，確是有見於牠的雙眼像盲眼。

然而，爲什麼中國人不叫中國特產的鱸魚爲「盲目魚」，正如西方人那樣的叫法。難道中國人又見到了這鱸魚另有什麼特性？幾經思索，我終於從文字上悟出了一個道理來。盧字從馬旁，便是「驢」字，即驢子的驢，驢是馬的變種，但卻不脫除馬被人騎的特性，我想，盧字從魚旁，豈非指這種鱸魚即魚中的「驢」耶？若然，豈非鱸魚也很有被騎的特性？騎者，中國人指的是被任由「駕馭」與「指使」，本身沒有方向，只以駕馭者的方向爲方向，自己沒有意願，而以指使者的意願爲意願。這樣推究下去時，中國人稱這種魚爲鱸魚，倒又恰好與北美的「盲目魚」的特性相近。「盲目魚」的盲目，與鱸魚的任由駕馭，有異曲同工之妙！

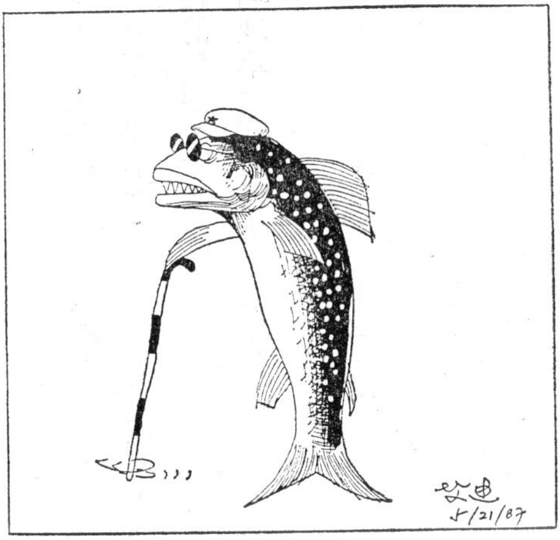

想到了這妙處時，我恍如發現新大陸似的，馬上抓住船家說：「船家，你可知道北美洲人怎樣叫這魚？」

「怎叫？」船家興趣不大地應酬了一句，待我告訴他是「盲目魚」時，他這才又有了笑容地說：

「這種鱸魚也的確好盲目的，所以用其他的魚餌不容易使它上鈎，要用蝦。」

「吃蝦與盲眼有什麼關係？」我打岔道。

船家也似發現了什麼大道理，這回提起了勁，道：「關係可大了，鱸魚只在水底搵食，你估是什麼道理？盲眼呀，在水裏瞎闖，什麼魚羣，數字再大，給牠搵着，也不當一回事，只有蝦，儘管一兩隻，碰上了牠，就大件事了。你猜，這是什麼道理？」

我當眞還沒闡破什麼道理，便說：「我不明！」

船家更起勁道：「盲眼呀，這還不明，蝦被盲目魚碰着，不是游開去，而是跳彈開去，這一彈跳，盲目魚不靠視覺，只靠感覺，馬上感到了蝦的去向，追踪『埋單』了。明白了這道理，你便明白釣盲目魚要用蝦，要時時抽動魚線，叫魚餌時時彈跳的道理。」

「哦！」我終於悟到盲目魚對着再大數目的魚羣而不「埋單」的道理，因爲魚羣只會游，不會彈跳也！

一九八七年五月二十一日

民意調查與魚

民意的動向，是掌握民主的航標，不了解民意向背，而妄談民主，無異是在大海中航行不用羅盤，不但分分鐘觸礁，而且是費時失事，永遠走不到預定的目的地。

民主國家早了解到這個道理，所以老早便發展了許多既易行而又準確的民意調查方法。對這些民主國家來說，民意與調查民意的方法，都同樣重要，因爲方法不對勁，不管有意或無意，所得到的當然是假民意，這一來，第一民意被歪曲，人民怨懟自不在話下；第二人民也會因爲不對勁的方法，而遷怒於當局，指責當局有意胡搞。

民意可怕不可怕？不可怕！只有不尊循民意的人，才會怕民意。到那時，民意也眞得會變得可怕，因爲逆民意而行，無異於螳臂交車或甚於與十二級颱風頂撞，不垮都幾難！怕民意的人，本身才眞正叫人可怕，因爲他患了諱疾忌醫之病，健康不是不可挽回，往往是諱疾者的態度搞到健康無救藥。

這些道理說來很顯淺，但對一些人來說卻似乎老是打不出他們自造的葫蘆陣。於是使我想起了更平易的說解方法，說解民意調查的重要性。

在北美先進的民主國家，由民意調查的方法得到了好處，於是他們把這方法用到各方法，市場調查啦，交通流量調查啦，甚至把這方法也用到動物身上，天上會飛的，地上會跑的，水裏會游的，無不一一用上「民意調查」的方法。在這些方法中，調查魚類的工作表現得最有實效，也最有趣。

為什麼要對魚進行「民意調查」？道理也和對人民進行「民意調查」一樣，人對政治水溫高低，政治水質污染潔淨的感受，也正如魚對其生存水溫高低、水質潔淨污染的感受一樣。在水溫適當，水質潔淨的水域裏，魚自然便會繁殖快。反之，便會流失或死亡。

為了要保護這些魚類，首先便得掌握這些魚類的生活材料，要掌握這些材料，便得進行「魚意調查」，調查的方法，也正如「民意調查」的道理一般，雖然工具不一樣。

一般調查「魚意」的方法，是把魚經過不同時間，相同水域，請上來，加以調查一番。當然，魚不會說話，不會對調查者作什麼問答，但調查者卻能把魚羣的年齡大小，魚羣的大小，魚羣的健康，魚的生長狀況等等資料記錄下來，經過不同的時間地點對同一羣魚的長期調查與記錄，所作出的比較，便會很準確地掌握到這羣魚的生活狀況，從而去了解他賴以生活的水溫水質是否對這羣魚有生存的問題。

這樣的「魚意調查」對於北美洲的 game fish 的保護很有功效，尤其對於沙文魚的繁殖工作更是有奇跡般的收效。在歷史上，美國西岸的科侖比亞河原是沙文魚的大總滙，它孕育了上億計的沙文魚。可是這河流域被大都會開發後的污染，使到沙文魚一度幾乎絕跡，後來幾經科學工作者搶救，把金屬片鑲入沙文魚的鼻端硬骨上，使這金屬追隨着這魚羣，使到科學家能很準確用儀器追踪到這金屬片的方位，而找出這沙文魚羣，然後用網或電來把這些沙文魚請上船來任意調查一番，掌握了沙文魚生活資料後，科學家也就從中分析出水溫水質的情況，對症下藥。他們深知水溫水質之所以殘害沙文魚的繁殖，是由於工業與城市廢料廢水傾入河流所引起，挽救的辦法便只有從制止這些廢物繼續往河裏傾倒下手。果然，幾經努力制止，科侖比亞河的水溫水質終於得到改善，重又適合沙文魚的繁殖，如今，每年又有成萬成萬的沙文魚健康活潑地回游，讓釣魚客重享釣魚之樂。

由於這些科學家所做的「魚意調查」的工作，及其成功改善水溫水質，令到沙文魚成功在北美各河流繁殖。令我想起「民意調查」對於政治水溫水質的測度工作非常重要，要知道人民能否適應政治水溫水質，便非要進行民意調查不可。不調查便無法知道水溫水質有什麼問題。不了解這水溫水質的問題，不能針對這問題進行補救工作，而一味怪人民不愛國，怪人民遷移，這無異是怪沙文魚不愛科侖比亞河，怪沙文魚不能適應科侖比亞河的水溫水質，畢竟解決不了問題，因爲改變一種魚，去適應它不能適應的水，這工作還沒有辦法在科學上有所突破，即使在理論上可以做到，也恐怕需要幾十代功夫才能把這沙文魚的體質改進以適應新水溫新水質。同樣，要改變人去適應他不能適應的政治水溫水質，恐怕也要幾十代人的功夫。

香港的政治，因爲九七年的信心問題，形成一股低氣壓，這裏的水溫水質也正起着變化，會不會太窒息人？這就要靠客觀的民意調查，正確而科學的調查方法。只有這樣才能了解水溫水質，及時適當地加以調節，惟使人民能適應。不調節水溫水質，而妄求人自行調節，無異是叫沙文魚調節自己以適應科侖比亞的河水，沙文魚辦得到嗎？不必問天，也都會知道答案的！

一九八七年六月二日

失掉眼睛的魚

話說這日龍王得到情報，說是羣臣議論紛紛，在討論着神州發現一種魚，竟然是沒有眼睛的，大家似乎在感受着莫大的寃情，又怕龍王爲此感到莫大的恥辱，一時不知是否應該上報。龍王得知這事後，也不敢怠慢，何況他有毛澤東的語錄在旁，記得「一萬年太久」的名訓，學會了「只爭朝夕」，於是卽刻坐朝。

龍王首先開了龍口，道：「衆卿家，聽說我龍的江山竟然發現了一種魚，全無眼睛的，是什麼一回事？請詳細道來。」

鯉魚連守口的膽量也缺着，給龍王一問，首先怯怯地道：「吾王萬歲、萬萬歲，天兆不知是否不妙，我神州竟然出現了一種怪物，發現這怪物不長眼睛，卻又與我魚類相同……」

龍王挿嘴問道：「鯉卿家，這怪物是長了眼睛，瞎了呢？抑或是全不長眼睛？」

鯉大臣見問，馬上更怯了，怕龍王怪責自己分不清「不長眼睛」與「瞎了眼睛」，的確，他也說不清這怪物到底是不長眼睛，還是後天瞎了的，加上這時更怯場，也動不了腦筋，只好戰戰兢兢地奏道：「臣該死，一時也搞不清，這怪物到底是瞎了眼睛，還是不長眼睛。」

鯊大臣見了弱性總要引發起他的惡性，這時很不屑地瞟了鯉魚一眼，有力地游了出來，奏道：「龍王，管他是瞎了眼睛還是不長眼睛，這不祥的兆物，旣敢衝着我神州壯麗的江山而來，便由臣的親自去滅絕他九族，諒他沒了眼睛，也逃不了那裏去！」

龍王一向靠鯊魚保住江山，對他有信心，自不在話下，此刻志在調查，不在打砸，所以一面示意鯊魚勿燥，一面也向衆卿家問根底，最後還是資訊最了得的豚大臣把眞相講了出來。他說：「龍王明鑒，有關失掉眼睛的事，不是什麼不祥兆物，而是科學事物發展必然的規律，不錯，神州的確在岩洞的深池裏發現一種失掉眼睛的魚，這失掉眼睛，不是瞎了眼睛，也不是不長眼睛，而是因爲這種魚長期生長在暗無天日的岩洞裏，那裏全無光明，也就看不見東西，長着眼睛沒有用處，日子久了，便退化得把眼睛失掉了。同樣道理，在陽光普照的天下，景物分明，眼睛派得上用場，所以眼睛也會長得特別明亮。可見黑暗對眼睛危害多大！」

鯊大臣一向以保衞龍王江山自居，見豚魚如此冷言熱語，早不是味道，也不聽豚魚多說，早跳出來惡語相向：「龍王明察，豚魚這話太不像話，什麼『黑暗失掉眼睛論』，根本就是黑話，分明指吾王江山黑暗，簡直造反！什麼科學不科學，放屁！深海裏不是暗摸摸的嗎？那裏何嘗沒有魚長雙會射出藍色電光的眼睛嗎？」

豚魚見鯊魚如此兇惡，卻也不慌不忙，反駁道：「鯊大臣說得也不錯，的確，在深黑不見日光處，確有眼睛會射出青光的魚，但這不能說明黑暗不會把眼睛退化的道理，在黑暗裏，有魚受不住，有魚受得了，有魚有辦法，有魚覺得無奈，有辦法的，眼睛進化了，養成會射青光的眼。沒辦法的，眼睛退化了，沒了。正如魚有惡魚有善魚，善魚如鯉魚，惡不來，只好以草爲綱……」

鯊大臣早領會到豚魚這傢伙會說到自己身上來，所以不待豚魚說他惡，能夠以肉爲綱，早就數說了豚魚妖言惑衆一番。

可是豚魚畢竟不負莎士比亞所望，也反擊道：「龍王明察，岩洞黑暗會退化眼睛的道理早就給大哲學家柏拉圖指出了，他還因此體會到國家社會不能太黑暗，太黑暗了，什麼事物的實相也沒法構成，看不見東西，勾不出實像，沒法溝通，最後也就好像處身黑岩洞，摸不出一個局面來。可惜，柏拉圖懂得這個道理，知道黑暗會殘害江山人民，卻只看到爲政者要有美德才不會搞黑江山的道理，卻看不到人民要有眼睛去監督爲政者的重要性，這道理最後還得靠他的學生亞里斯多德去發展。可見長期黑暗，把人民眼睛退化了，最終就好像在岩洞失掉眼睛的魚，要挽救也太遲了。」

一聽到挽救的話，龍王好似找到機會把那麼不中聽的話題挽救回來，馬上搶着說：「豚愛卿，亞里斯多德有什麼解決的好方案，請細細說來。」

豚大臣道：「亞里斯多德的方案，說來也簡單，黑暗就是鎖閉的關係，反黑暗，便是反鎖閉。以臣之見，要救岩洞的魚，必須長期奉行開放門戶政策，叫陽光長期普照，慢慢便會由重見光明到重長眼睛。」

殺人魚沉悶了好久，終於捺不住殺性了，高聲道：「龍王，這萬萬行不通，長期不見光者，早已養成特有不能見光的文化，一旦開放，暴露在陽光下，立卽會頭眩腦昏，天下大亂，爲今之計，既然長期黑暗，再黑暗下去，沒什麼不妥，沒眼睛也是一種文化，一種生活，亞里斯多德是西方人，他創造的西方文化，有別於神州的文化，兩者光暗不能共存，正如無產階級與資產階級不能共存那樣，到了神州也沒什麼不妥。」

豚魚聽了這番話，早不是味道，正想反擊，可是龍王早有了主意，他很贊成殺人魚最後這番話：黑暗既然把眼睛都退化了，沒眼睛而能生存那麼長久，可見沒眼睛也早成了一種文化特質，與其開放叫其頭眩腦昏，天下大亂，倒不如照行閉關鎖國，叫這神州岩洞的魚照樣泰然生活在黑暗中，只要不動亂，黑暗不見天日的安定，也都是一種可貴的安定呀！

龍王想罷，道理很通，於是宣布無事退朝。

＊一九八七年六月十七日＊

「政治早泄症」

一位姓鄧的同事，見了我，劈頭便說：

「老鄭，你看要怎樣來形容香港某些人的政治能力才是？」

我說：「我還不明白你有何所指？」

他說：「你不覺得有問題嗎？某些人的政治能力也實在煞風景，一時說要組政黨，還沒掙扎，更莫說鬪爭，便丟了，再不敢說了。一時說要一人一票的全民普選制度，還沒到手，就萎縮起來了。這樣的政治能力，該如何形容才恰當？」

「嗯……」我一時還想不到怎麼形容，鄧公便引導我思想似地說：

「我來問你，你寫這麼多有關魚的文章，到底魚有沒有早泄的現象？」

早泄？我這才醒覺到，他心裏早盤算着想把這種容易退卻的態度形容爲「政治早泄症」。魚是不是也有早泄的現象？這問題我沒思索過，經他一問，我不期然也想着這問題起來。於是一邊思索，一邊答道：

「魚有沒有早泄的現象？這問題倒有趣……認眞說起來，魚的交配也的確有趣，基本上，絕大多數不經肉體的接觸……」

「哈！」鄧公如獲至寶地揷嘴道：「這便是早泄了！」

我不暇答他話，繼續思索，一面也繼續說下去：「魚的交配是由雌的在前邊游，雄的在後邊跟，比如說沙文魚吧，雄的由大海緊跟到深山小溪，眞是歷盡千辛萬苦，飽嘗艱險，待到雌的當眞考驗了雄的什麼「患難眞情」的時候；才好容易在雄的面前把卵子全部抖出來，而雄的呢，一旦見到了卵子，便都興奮得游來游去，在後緊隨緊丟，便如此這番，算是完成了天責。……」

鄧公更是戲謔道：「這便是道地的早泄了！」

我仍不斷地說：「不但沙文魚如此，其他的魚大多如此交配，把卵全都在雄的面前抖出來，有的抖在石頭上，有的抖在沙堆上，有的則抖在水草上，更有的變成一灘泡沫，雄的見了這些卵子，便在上面丟了，不作任何雌雄肉體作接觸的交配才成。」

鄧公也一面咬定道：「是了，是了，這是十足十的早泄現象。」

「但是，這在生物專有名詞上，卻不叫『早泄』，是叫『體外受精』。」我說。

「管他什麼體內體外，名詞是人叫出來的，那些沒辦法的人，何嘗不用『試管嬰兒』的辦法，這不也是『體外受精』麼？可見魚的『體外受精』不也是早泄的補救辦法麼？」

我想插嘴，但他卻滔滔不絕：「上帝爲了不讓這些早泄的東西滅跡，更也安排了很妙的補救辦法。你很了解的啦，魚卵一胎不是三兩粒，而是成千上萬，鯉魚更了得，每次上桌，總見有百萬以上的魚卵。這算是造物賜恩，鯉魚在泥濘環境中生活，水質汚染嚴重，缺氧問題大，水又不清，不容易看到細小的卵子，所以上帝便給鯉魚裝上大胎盤，一胎裝上百萬卵子，雖然環境壞，鯉魚倒也孫繁子繁，你說妙不妙？」

我再想趁機插嘴，他早又搶着說：「我說香港人的政治能力，就是這麼一個「早泄」的現象，因爲有這種「早泄」的現象，所以意見多多，這就好似魚因爲早泄所以便卵子多多那樣，政黨要不得嗎？直選也行；直選也碰到阻難時港便想爭取間接選舉，間接選舉也被指責爲陰謀搞「代議政制」了，看來最後只好照大陸的「本子」做事，實行委任加上「候選人與議員等數」的辦法。再看八七綠皮書時，每樣選擇都列上一大串，這豈不是魚卵政策，豈不是被早泄問題引生出來的現象？」

我以爲他要我的看法，正想答話，他早又爭着問我道：「我再來問你，魚難道當眞沒有不早泄的嗎？」

這一問，倒非要我揭露天機不可了，因爲很多人都知道鱷魚的存在，而且也都聞名於鱷魚會掉那著名「鱷魚淚」，更怯於鱷魚的倒尾一打功夫。可是世間倒很少有人知道鱷魚不但不會早泄，而且那種情同打仗的場面更是場面熱烈，於是我告訴鄧公說：

「鱷魚不但不會早泄，而且雙方用其極有力的尾巴，猛然把那巨體樹起，巍巍然，擅擅然，幾經接觸，幾經摔倒，越摔越起勁，越起勁便越是奮然相撲，越相撲便越是摔得水花四濺，如此聲色俱厲地連番交撲，眞也勇過日本兩個大隻佬的相撲，撲起的水聲，一點也不遜於日本觀衆見到相撲時的與奮尖叫場面。直到雙方筋力交疲，也都全無放棄之意，直到完成天責爲止，這時雙方才作沉魚之勢，無聲無息。如此情景，豈可與普通的魚同日而語。」

鄧公見我如此精彩的描述，老半天才醒轉過來，道：

「原來鱷魚不但識得水陸兩處棲，而且竟然還是全不早泄，不管是結仇還是做愛，都那麼可怕。」他頓了一頓，吞了口氣，續道：

「那麼說來，鱷魚不像魚那樣卵多多的了?」

我說：「不錯，它只會生蛋，像鵝蛋大小，只幾粒，而且藏着隱蔽處，不輕易暴露。」

鄧公又道：「是不是堅持只有四隻蛋之類的？」

我笑笑，不答而去。

＊一九八七年六月二十二日＊

司馬斤

上市場買菜時，碰到這樣的爭執，蠻有意思，足供大家思索。

只見一攤魚販被好些人圍住，好奇心驅使下，我也湊了上去。但聽圍人中有顧客力責魚販道：「你這人好不老實，我買一斤魚，卻只有十三兩，你怎麼解釋？你說！」

只見魚販愛睬不睬，臉上也帶上了慍容，一面也順手理一理攤上的魚堆，一面斥責的口氣道：「睬你都傻，你好走開了，再不要阻止我做生意！」

「哎呀，你這人好惡，吃人秤頭，還敢惡！我一定要你解釋，怎麼一斤才十三兩，三兩都要吃人，是不是趕着在九七年之前，吃人好走路？」這顧客仍糾纏不休。

不料，一聽到九七，這魚販即刻反駁了：「好，你不說九七，我倒懶睬你，既然你說了，我便告訴你。首先，讓我來問你，我這裏樣樣魚都寫着：一斤多少元多少元，」說着這魚販將一塊寫着紅字的牌子往空中飛舞一陣，終於落在這顧客面前，大聲道：「我什麼地方什麼時候告訴過你，我這一斤是十六兩的？」

衆人見問，都有點愕然，這顧客更是哎呀一聲道：「係人都知道一斤十六兩的啦，你吃人斤兩還口硬，還有話說！」

「當然有話說，我再來問你，你有沒有聽過『司馬斤』的，這是中國的斤，聽過未？一斤只有十三兩！」說着這魚販順手抓起一條大眼魚一撻，續道：「司馬斤只有十三兩，知道未？」

衆人聽了不約而同地哇了一聲，道：「怎麼這樣奸的呀！」

這魚販可夠氣壯，一點不怯地怒斥衆人道：「我奸？有沒搞錯？司馬斤也是斤，制度不同，斤兩不同，怎麼可說我奸！」

「這裏不是中國，不用司馬斤，你怎麼可以這樣說！」人羣中有人幫話了。

「這裏不是中國？」這魚販眼睛睜得大眼魚那麼大：「我來問你，你看過《中英聯合聲明》未？」魚販指着人羣中幫話的一位阿嬸。這阿嬸大約沒聽過《中英聯合聲明》，所以也就立即沒答上話，魚販這一下更氣壯地說：「沒看過喇！我告訴你，聲明裏明寫着香港立法局是由選舉產生，這「選舉」二字，照你說，這裏不是中國，這裏是香港，是西方的資本主義社會，係人都當這「選舉」是一人一票直接選舉的啦，是不是？」

衆人見魚販如此氣壯，一時都接不上口，只見魚販續氣壯下去道：

「現在香港政府也已把代議政治綠皮書公佈了，大家知未？這裏不是中國，何嘗不是聽中國的，照中國的一套做，說明這裏雖是特區，資本主義什麼的，卻照樣不能用資本主義的一套選舉制度來解釋《中英聯合聲明》，不能在此全聽什麼一人一票的直接選舉來辦事。」

「這和你的司馬斤又有什麼關係？」人羣中又有不服氣的話響起。

「怎麼沒關係？《中英聯合聲明》的解釋，單單只是一個「選舉」這麼簡單的東西，中方有中方的講法，你香港人有香港人的講法，但儘管你有你的講法，基本法一來，中國的講法便一釘蓋定，你既說這裏是香港不是中國？同樣道理，我在這裏何嘗不可以用我們中國的司馬斤來提出我十三兩的解釋？」

大家雖然一時都答不上話，原先爲三兩而來問責的顧客卻始終壓不下氣惱，這時也都沒奈地憤然道：「是啦，奸起來，什麼不可以做？你好嘢，報警拉你坐牢去。」

「報警拉我？」魚販的雙眼睜得更大：「應該報警拉政府才是，選舉咁大的事，都照中國的辦法做了，我區區司馬斤，又算得什麼！」

衆人見魚販一臉無悔無怯的樣子，知道再鬧下去也吵不出什麼局面來，於是逐漸退去，在這退卻中卻連聲聽到人說：「無佢符！」而那顧客更是奸長奸短隨行隨罵，不絕地說：「看你司馬斤能用得多長久！」

而這魚販也好像打了一場勝仗似地，大聲高叫道：「嘿！來呀來呀，司馬斤十三兩，比磅還多一兩，東方壓倒西方，又平又靚，不做水魚便要多吃水魚。要學濕滑不被人捉扼，最緊要是多吃鱔魚。」說着他順手探到魚槽裏捉起了一條大黑鱔，繼續揚聲道：「白鱔又大又靚又便……」

我正奇怪這明是「黑」色的鱔魚，怎被說成是「白」鱔了呢？在它掙脫了魚販的手心時，我好容易才看到了鱔魚的腹部確有一線白色，才不過四分一的肚白被叫做白鱔，在這一刹那間，我彷彿當眞看到了中國人的大衆文化，在黑裏看出了白時，那管是極稀微的慘白，也都被當白論了。

照此推論，那管是四分一，甚至十分一，只要是有點滴兒的「直選」，便是「代議政制」了，什麼司馬斤，活馬斤，只要有兩，那管多少，照様是斤，照様是有斤兩的「共識」，好嘢，龍的傳人，我好佩服大家「共識」的威力！有了這「共識」的威力，「共和」還遠嗎？

＊一九八七年六月二十六日＊

張生煮海

「沙門島張生煮海」是元劇的一個很精彩的劇目。內容描述一位書生張羽，愛書琴，人長得英俊，但卻不是一般膽怯書生。一日，來到石佛寺寄腳，念書過後，正彈琴消遣間，無意發覺有一位貌若天仙的少女窺聽，狀若如痴如夢，可見聽得入神，張生一見，登時也十分心許，難得有一位如此絕色佳人欣賞自己的琴才，可見是知音同好一類。想到知音難得，那可放過，於是兩人便一見相好起來。那女的也坦白，告以身世，原來竟是海龍王的三公主瓊蓮。並相約在八月十五到海邊再會。張生想到月圓相會，可見瓊蓮有意定情，那有不赴約之理？到了十五，張生在海邊遍尋瓊蓮不遇，失望之餘，只得再揹出琴來淒彈一番，琴聲的淒情終於感動了東華仙姑，告以原委，原來瓊蓮早被海龍王關起來，不肯龍女下嫁書生也。張生聽罷，失望之餘，正想跳海自盡，仙姑被其眞情感動，立卽仗義，給了張生銀鍋一隻，金錢一文，鐵勺一把，面授機宜，飄然而去，張生拜謝在地，良久不肯起身。

依照仙姑的吩咐，張生就地架起了銀鍋，生起了火，用鐵勺舀水，盛滿一鍋，便煮了起來。半晌，鍋水起了蒸氣，看那海面時，果然如仙姑所料，也都起了蒸氣，再半晌，鍋水開始起泡泡，看那海洋，也都全個起了泡泡，開始要滾了。張生好生高興，也好生擔憂，喜的是這一煮，擔保龍王要上來求饒，憂的是怕自己心愛的龍女也要受熱浪之苦，不料正如此憂喜參半之際，石佛寺長老匆匆跌撞地趕來，要張生停止煮海，說是龍王遣了使者龍蝦一尾前來議親，叫張生息怒，一切好辦。張生當然立即答應，也同時就地屈膝跪下，朝天連連拜謝，表示感激仙姑的成全，也一面收拾煮海工具，要書僮守在岸邊，他便與長老逕自到龍宮成親去了。

故事雖然好簡單，但卻寫出了元代知識份子受到壓迫而敢於反抗權勢的精神。原來元代的蒙古政權沒敎化，迷信槍杆子，鄙視知識份子到了極限，把知識份子排列在娼妓之後，乞丐之前，正所謂「八娼九儒十丐」是也。元政權征服中原初期，更是把歷代開科取士的制度取消，其視知識份子如無物，可見一斑，搞到知識無出路，讀書人淪爲「搠筆巡街」的文丐，比比皆是。

處此壓抑知識的年代，有氣節的讀書人並不放棄其筆杆，紛紛寫出很多傑出的文章，向惡政權投槍，「張生煮海」便是其中一篇值得大大介紹的好文章，雖然作者李好古的生平已不大詳，但出自他手筆編寫的劇目還有「鎭凶宅」、「劈華山」。這些都是不朽的佳作，可以傳讀萬代。

「張生煮海」之所以好，好在作者能夠非常形象地把「海」這個神秘的權勢所在生動地寫出來，在他的筆下，海變成了冷漠無情，包庇惡勢力的地方，在海的包庇護衞下，其中的蝦兵蟹將橫行作惡。海的冷漠，把這些兵將都養成了冷血的東西。張生煮海，把海煮熱，叫這些冷血東西都跳出水來，文中寫道：「那秀才誰承望，急煎煎做這場。不如他挾着的甚般伎倆，只待要賣弄殺手段高強。莫不是放光火，逼太陽，燒的來焰騰騰滾波翻浪，縱有那雷和雨也救不得驚惶。則見錦鱗魚活潑刺波心跳，銀脚蟹亂扒沙在岸上藏。」看，這段文字多麼鮮明地抖出了作者那種無比的、恨海的冷漠，恨這些冷血的東西的一種心情。在元代政權高壓下，知識份子比娼妓還不如，這種心情自然要恨大恨深。多大多深？只有海洋之大之深能夠比擬，於是作者想到了「煮海」，把這些冷血的東西來「煮」個痛快！

元之後的明清，都有仇視、薄待、收拾知識份子的紀錄，直到了共產政權統治下的中國，也都有歷史翻新的做法，中共曾和元朝那樣，把知識份子貶爲「臭老九」，這個「九」字也正是元朝的「八娼九儒十丐」之中的九下流貨。期間，知識份子被整被鬬的花樣，何止淪爲「文丐」？文丐還會有棲身的暖所，打入牛棚受刑的知識份子，則連溫暖的棲所也還沒有！每當看到了知識份子被數落到這種地步時，我便登時倒抽了一口冷氣，不是不忍卒睹，而是要想多看幾遍「張生煮海」，希望看到再有張生出來。說也奇怪，這文章之敢於自由思想，那種破時空飛天入海的浪漫色彩，很快便要引人到敢奔放，敢想像，簡直是到了敢怒敢言等的地步。於是，我曾經被引發而想到，如果北京的權力中心的「中南海」不好好收歛一下其「臭老九政策」，遲早也會有張生出來拿出你們黨一手鑄出來的「大鍋」，得到世外高人的指點，把「中南海」煮個「焰騰騰滾波翻浪」，到時，中國共產黨才知道「揹鍋」之痛。

知識無罪，看到事情發生的知識份子，把事情寫將出來的知識份子，把眞相公諸於世的知識份子，他們本身沒有罪，若事實或眞相得罪了人，那只能歸罪於這事實或這眞相，甚或製造這事故的人。

這道理很淺顯，正如看到了火頭喊救火的人，不該被撲滅，該被撲滅的是那火或那生火的人。懂得這淺顯的道理時，相信中國的作家啦，知識份子啦便不會被當政者數落到連娼妓也不如了，到了那時，相信也不會有人敢輕易把作家、知識份子趕盡殺絕了！

＊一九八七年九月十一日＊

剖腹魚

神州又發現了一種魚，竟然是肚子打開的，好像是用刀剖開。肚子打開，連五臟也公開，而還生存自如，的確是一種奇聞。

這日，龍王早朝，也爲這則奇聞驚動，專爲這事問衆公卿道：

「衆愛卿想也聽聞過剖腹魚的奇事？這是什麼一回事？可有魚說得出一個道理來？」

說罷，好一晌竟然不見衆魚答話，好像都有心事，這種刹那間靜默的場面，早已激惱了鯊大臣，他想這些傢伙怎麼不放屁了，一想到放屁，他便想到剖腹魚肚子打開，大抵是不受氣，既不受氣，也就不會放屁之類的，想到這一層，他卽刻高喊一聲：

「好嘢！」

加上平日的兇惡，鯊大臣這一聲高叫，當然引起大家非常關注，只見鯊大臣也不待龍王恩准說話，繼續大聲道：

「龍王，這剖腹魚好野，應該封賜，對他表揚表揚！」

衆魚還迷惑不解之際，龍王早開龍口道：「道理何在?」

鯊魚仍高聲道：「剖腹魚肚子打開，表明他不放屁，不汚染吾王江山，所以便應得到表揚表揚！」

龍王正覺得有道理，豚大臣打着哈哈出來講話了：「吾王明鑒，有關剖腹魚的事，鯉大臣應該最清楚，他們是同鄉，應該問他。」

鯉魚聞言，馬上懾縮着，戰戰兢兢地道：「吾王萬歲，萬萬歲，萬萬萬歲，剖腹魚與咱確是同鄉，但他的事沒得吾王恩准，愚臣不敢說。」

龍王道：「鯉卿家，准奏！」

鯉大臣仍懾縮着說：「剖腹魚的肚子的確是像給刀剖開似的，這事說來話長。原來神州這一向很不太平，在這不很太平的境遇中，要求存，必須要靠各魚各顯神通。我鯉氏一族從戰亂中悟出一個求存的辦法，這便是我們著名的家訓：以不戰應萬戰。而剖腹魚一族則另有一套求存辦法……」鯉大臣差點忘記了有什麼顧忌，好在及時想起不能說出什麼冒犯人的話，於是頓了一頓，改口道：「愚臣也說不清剖氏家族因什麼想法而有他這一族的求存辦法，總之，他們想出的求存辦法是把肚子剖開。他們把這肚子打開後，便如此聞名天下去。臣知道的，便是這麼多，其他的細則，愚臣不得而知。請吾王明鑒。」說罷，更加懾縮地退了下來。

豚大臣見鯉魚知情不敢說，只好自己接口道：「吾王明鑒，鯉大臣一向說話做事很有分寸，有些話他不好說，不知臣可否代說？」

龍王表示准奏，於是豚大臣又以一貫敢言的作風，道：

「剖腹魚這剖腹的一套，的確是有其一番背景。鯉大臣說得對，神州大地，歷代的確多災多難，戰亂大小不停，過得一代，過不了二代。連歷史也有一頁『戰國史』，這些戰亂的成因，正如鹽鐵論的文學大臣所指的，往往是由於當政者好大喜功，爲着擴展版圖而輕易搞征戰。搞版圖如爲着經濟，那是好辦，偏是神州歷代君王打到了天下之後，三令五申，不准魚民搞活經濟，一味什麼是官營，什麼不准民辦。經濟給這麼七限八控，便始終搞不活，於是有什麼天災人禍，動輒天下大亂，羣雄蠭起。當政者，爲着安定局面，便厲兵圖治，造反者爲了奪天下，也都非得臥薪嘗膽不可。」說到此，豚大臣話鋒一轉，叫聲龍王道：

「吾王明察，處此亂世，要生存，確要有一套辦法，剖腹魚的辦法，背後也有剖氏家族的一套哲理。既然神州大地的當政者只信奉政治，所謂『政治掛帥』也者，逢迎之道，當然也只好講忠心、講忠誠。怕當政者嫌棄的結果，只好剖腹以『肝膽相照』。因爲在這麼一種『政治掛帥』形勢下，當政者最怕子民搞陰私造反，要向當政者表明你一片忠誠的最好辦法，當然是剖腹以肝膽相照。爲了怕子民不能肝膽相照，當政者遂想出各種方法，例如「百花齊放、百家爭鳴」原是春秋戰國想出的一套，那時也的確引出不少子民大吐心聲，結果給神州開國君王活埋了三百個，以後歷代也不時有當政者欣賞這「雙百」陽謀，叫大家交出心來，這眞是所謂將計就計。爲了怕遮着一個肚皮，怕被嫌疑肚皮裏有什麼心事，剖腹魚的辦法也很不錯，索性把肚皮剖開，這便是剖腹的由來。」

鯊魚聽這一套，覺得全是反動理論，馬上起來聲討道：「豚某，我來問你，立國之道，不靠忠心，靠什麼？你口口聲聲說政治掛帥要不得，立國不靠政治靠什麼，你說！」

豚大臣立即反擊道：「立國之道靠政治掛帥的惡果，神州早已感受到，這裏不想多說。若說什麼道好，不妨看看西方以經濟立國之道。在這一套辦法下，當政者，要看的，不是你的心肝，而是你的錢袋，錢袋愈飽滿便愈被器重。要被器重，便得人人努力搞經濟，不厭地搞好經濟，多賺錢。看近代西方社會，從重商主義開始，西方的立國強國標準，便以開發經濟資源爲主，連出外擢取殖民地，擴展版圖，也都爲開發資源而征戰，不是爲着政治揚威而征戰，如果要他們爲政治而死守下去，他們寧願不幹，寧願爲經濟而修好如初。這樣的結果，好處是他們西方雖然幾

經政治變動，也都不是餓莩遍野，依然享有經濟繁榮。反之，神州的當政者，爲了要見子民「肝膽相照」，可以爲着一個心肝的問題搞到民不聊生，即使你有好的經濟表現，如無心肝，也都枉然。」

鯊大臣還想插嘴什麼，龍王早下旨說肚子餓了，退朝。

＊一九八七年七月十一日＊

打後浪

話說這日龍王正在與羣臣議政，忽然間龍宮猛烈震動起來，如受地震般，天旋地轉，有如末日將至。不料，待龍王驚魂甫定，正要下旨疏散時，龍宮忽又平定下來。於是大家議論紛紛，都說是鬧地震，還慶幸不曾有什麼大破壞。鯊魚一向以護駕功高自居，這時更是在龍宮上下游來游去，好像忙着視察，企圖要捉到什麼奸細似的。這時見龍宮秩序有點混亂，更不忘高聲喝止，一面也朗聲向龍王請安道：「吾王洪福，臣已巡視過，沒什麼奸細，請吾王放心。……」

不料，鯊魚話猶未了，震動起來，又是天旋地轉，不過三兩分鐘，忽又平靜起來。如此折騰了好幾遭，衆大臣才終於肯定這情景不像是東海又鬧地震，到底是什麼？有必要查個雲開日出，於是龍王毫不遲疑地立即向豚大臣下旨道：

「豚卿，你訊息敏感能力一流，速速出去查探，快去快回。」

豚大臣果然不負所托，很快便回到龍宮向龍王奏道：「據臣查實，震源是出自神州。」

龍王不禁詫異道：「怎麼？不會又是唐山大地震吧？」

豚大臣道：「這事若是搞得不好，神州的禍害可能要比唐山大地震利害十倍呢！」

鯊大臣早不耐煩，在一旁叫道：「到底是鬧什麼，快講！」

豚大臣懶得理會，續向龍王奏道：「這震動是出自神州有幾個長者不肯認老，更不肯退休，說他們不信後浪會推倒前浪，所以他們便在水上猛力出掌擊浪，想把洶湧的浪打下去，好叫後浪推不倒前浪。由於他們幾人用力過急，又是老革命，又相信主觀能動性的威力，更憑他們闖過不少險關的天大信心，於是把來浪打得陣腳不定，有幾個還被打得踉蹌而退。如此糾纏一番，後浪壓境而來，他們便連番出掌，來浪也不時給打亂陣腳，於是便產生連番震動，影響所及，我們的龍宮便有了這些震動。」

龍王一聽，對於震動的興趣反而不大，打浪的事他倒有話說了：「衆卿家，神州這幾位老者倒有意思，想我龍宮這一向也深受浪震之累，如果當眞能像神州這幾位老者這麼豐富的想像力，有朝一日叫後浪推不倒前浪，後浪就都一個接一個倒下去，不都風平浪靜了嗎？這個想法蠻有意思，深得寡意。」

鯊大臣本想附和龍王一番，但轉念一想，不通，若是後浪都倒下去，龍王江山不都太平無事，這還用得着他居功嗎？然而，護駕又是他的天責，怎能不附和龍王平浪的想法？如此這麼矛盾的心事，一時叫他理不出一個道理，也因此答不上話。豚大臣便因此繼續有機會對龍王的話作

出反應：

「吾王明鑒，神州幾位老者的做法既不實際，也不理性。試想，後浪一個個層層倒下去，看來是風平浪靜，到眞是沒有後浪去推倒前浪時，那豈不變成死水一灘？這種死水一出現，氧氣也無法交替，一旦缺氧，什麼魚呀，水草呀也都活不了，最後終成死海。」

鯊大臣聽到死海二字，本想反應，但仍理不出一個道理，答不上話。

豚大臣續道：「再說，後浪推倒前浪是地球旋轉所帶動，不想波浪起伏，先要阻止地球旋轉才辦得到，阻止地球轉不是叫世界末日嗎？所以，請吾王明鑒，神州這幾位老者要叫後浪不推前浪，是在阻止地球轉。」

一聽到阻止地球轉的話，羣魚上下都有點嘩然起來，鯨魚體大，一向都順着浪載浮載沉，游起來沒阻力，好不自在逍遙。這一下想起沒浪的世界，沒得撈，豈不要命？衆小魚一向靠浪逐流帶動，也難想像沒浪沒氧的日子怎麼過，大家如此思索一番，都有心事地沉寂下來，豚大臣也就更有機會議論下去：

「吾王明鑒，這種打退後浪的想法使不得，這是江山死亡的禍根。神州的歷史足以借鑒，足以警惕。歷代皇帝上了年紀時，都有這個煩躁，做皇帝做得得意慣了，舒服透了，即使老病在身，也都不肯退下來，深怕退下來便不再得意，不再舒服。越是眷顧這種舒服與得意到極的感受，便越是缺少安全感，便越是不肯下臺，便越是自己周圍的人都不能信任。最後搞到皇室勾心鬬角，爲爭皇位繼承的問題，至親相殺。有的老病了，還想到什麼仙丹助他返老還童，那極權的秦始皇，更是荒唐，還派了三千童男童女由徐福到什麼蓬萊仙島去採長生不老的仙藥，他晚年之所以如此殘暴，便是不肯認老，不肯退下來，反而要推倒後浪的心理作祟有以致之。所以，爲吾王江山造福，吾王萬萬不能有什麼推倒後浪的想法！」

鯊魚這一刹終於理出一個他自己的道理，也就突然想到，只要龍王有這個推倒後浪的大志，但出功夫獻身龍王的機會可大了，嘿！好嘢，於是忙不迭連聲高叫道：

「吾王明鑒，做大王必要有大志，這種打後浪的空前大事正是千秋功業，吾王不可錯過留大名的機會呀！請吾王三思。」

豚大臣對鯊魚所言，不屑一顧。衆魚聽了豚魚這番話，都覺得一時難消解，龍王更是不易消化，因此無話退朝。

＊一九八七年七月九日＊

由鯧魚說起

鯧魚有黑鯧白鯧之分，由於鯧字裏一邊帶着一個「昌」字，中國人便把這種魚當是一種風水魚。由於這種魚習慣生活在海洋裏，自由自在，喜歡在廣闊的天地暢游，因此是屬於一種「不自由毋寧死」的一類，一旦被漁民捕獲後便立即斷氣，所以在魚市場上或餐廳的水缸裏，總不會見到活着的鯧魚被展覽或觀賞。

古老的風俗

但是這個「昌」字還是吸引到中國人，雖不能養着帶來風水，大家相信，吃了牠也會帶來好運。尤其在新年期間，一年伊始，想好事、說好事、最忌事的時候，家家戶戶更是非要買一條鯧魚來帶好運氣不可。這風俗在中國沿海各省，非常風行，尤其是由出口商埠帶旺的各個歷代較富有的地方，也就是還相信運氣這回事的地方，吃鯧魚更是新年的盛事，晨早起來搶買鯧魚的人潮特別熱烈，把鯧魚價格帶上成十倍也不奇。這種風俗影響所及連出國久遠的華僑也都歷久不忘的追隨，眞是中國人奇風異俗之一。

鯧魚雖然被視爲帶來運氣的風水魚，但卻不是所有鯧魚都給人這種信心，鯧魚中的黑鯧便不享有這種殊榮。依味道來論，除了白鯧較爲幼滑外，黑鯧卻是較爲甜美，此外兩者大小相略，斤兩不分伯仲，不帶細骨，肉也豐厚，然而價錢卻永遠比不上白鯧，不論平時或節日，黑鯧也都登不了大雅之堂。這其中乾坤的確耐人尋味。

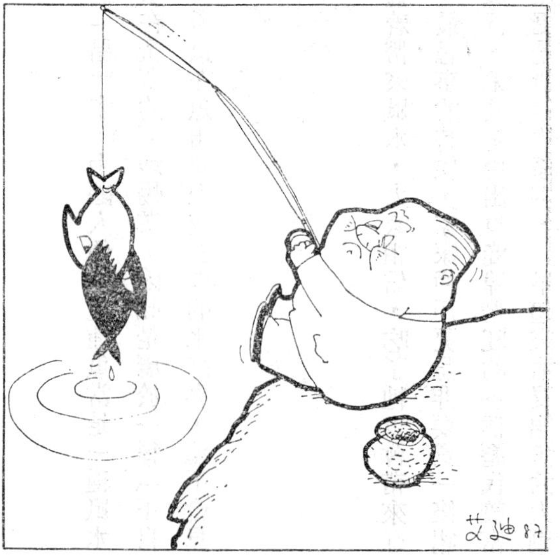

黑色的歷史

原來中國人這一向對於「黑」特別避忌，原因是中國的政治歷代都有把非我同類的政敵塗黑的紀錄。要把對手打倒，最好的辦法，不是說他政見不好，主意不對，而是把他說成是黑漢一條、黑心肝、黑紀錄、黑人物。只要是把他的黑形象建立起來，一切都好辦，因爲只要令人相信他是黑人物，人人都會起而攻之，把他搞倒搞臭，不必你高抬貴手。

這種黑色政治運動，歷代層出不窮，數古今黑鍋那一代壓得最糟？恐怕今朝排名也不會太落後。土改時，因爲政治上要使貧農翻身，本來把地主的土地充公，叫人人有田耕便算了，偏是還把地主打入黑類，叫人人得而踢之整之誅之。到了反右風刮起時，輪到知識份子當黑，一旦被冠以黑類，被揪被鬪，被打入牛棚，甚至被殺，都是天該地該似的，因爲是黑一類人嘛！到了所謂文化革命，十年人禍，更把地富反壞，以及連有海外關係的歸僑僑眷，一共九種人被打入黑類。九種人的關係又有關係，連環坐累，影響所及，眞是無人不頂「黑鍋」。搞到全中國進入黑暗時代，可見黑在中國人心目中所能發揮的破壞力是多麼大，只要說黑，便人人喊打喊殺。如此文化，誠然要不得。

如果西方近代最重要的社會政治體制政革是在於法制的建立，而這種法制建立之所以很重要，是因爲它起着安定社會政治秩序的重大作用，而這種法制的操作便是在於由一個法定機構的法定人員，用其專有判案的訓練與專業知識去處理黑人物的問題，誰是黑人物？誰無法無天？誰作奸犯科？總之，一個人黑不黑？該不該得到黑的裁判？是由一個司法執法的專人負責，不是由任何個人發起搞甚麼「仗義」行動，更不是由任何運動發起搞甚麼「批判」大會。專人專責專有知識的處理辦法之所以最能維持政治社會秩序，是因爲他們的工作就是避免寃案錯案。少寃少錯，政治報復便能避免，反之，報復行爲一旦以階級規模地反復進行，那眞是再多十億人也都不夠殺的。因爲人人有自發權力去判人以黑，別人也有權回敬，如此互相判黑，天下怎能不亂？正是因爲避免人民互相殘殺，所以西方在維護法紀方面，在近代做了大量工作。

與此相反，中國在最近幾十年不但沒有發展法紀工作，反而是努力塗黑人與人之間的關係。在黑的文化方面做了大量的工作。從近數起，我們有「偉大」的毛澤東時代把九種人列入黑類；在清朝，是把黑髮削掉，留下一條尾巴，厲行留髮不留頭；明朝的文字獄，凡是涉及光啦、亮啦，都被拉去砍頭，因爲明朝朱元璋小時當過小和尚，恨人用光用亮來影射他；再推上去，元朝的中國在外族高壓統治下，把漢人當成黑類，搞到把元人硬塞到漢人家裏，創下派人到家裏統治的黑暗時代。

「心要黑」與「臉要厚」

這黑的文化紀錄傳到近代，也有人寫了部有關中國人的「厚黑學」。據這「厚黑學」的作者李宗吾的說法，中國人的政治要成功，便得心要黑、臉要厚，兩者兼得才行，缺一便有難了。他說曹操夠黑，但不夠厚；劉備夠厚，不夠黑。孫權則兩者皆缺。因此三國演義，最後都給人吞滅了。他又指出劉邦爲人眞是又黑又厚，所以能成大事。他的黑是打倒天下後，用各種藉口，一一把他的功臣殺除，最後也只有其親戚才能用得上。至於他的厚，則見於他百般忍辱逢迎楚霸王，討個偸生，一旦退到四川，表面「明修棧道」，實則「暗渡陳倉」，待楚王不備，給他倒戈一擊。如果以李氏所指的厚與黑標準來衡量毛澤東，也該屬頭號人物無疑。他的行狀也的確是劉邦的翻版。連江青也像了呂后。

用李宗吾的厚黑理論，中國的這些厚黑領袖的成功秘訣，不外乎是「虛虛實實、實實虛虛」，虛時實所伏，實時虛所倚，該虛時應實，應實時該虛。總之，一刀兩面，陰謀、陽謀、實謀、虛謀要懂得變換應用。用毛澤東的統戰說法，便是把你的敵人分成頭二三號不同等級，要打倒頭號，須團結二三號，頭號倒了，輪到二號，如此直追殺下去，爲了怕「星星之火足以燎原」，最後都不能相信他們可以共存，這便是由「統戰」搞到「統殺」不可。由「統戰」到「統殺」，這是黑政治的必然規律。中國歷代不是都在說「兎死飛鳥絕，走狗烹，良弓藏」嗎？可見黑政治爲害江山的威力。

與此相反的西方政治，雖然在外交方面，他們也用厚黑的一套。但在內政方面，他們卻把厚黑一套收起來，把一切利害矛盾攤在桌面上，作正面交鋒，不在暗流起伏，卻是浪潮滾動，既然在位者堂堂正正，在野者也就清清白白。中西政治不同在此，黑白不同在此，安危不同也在此。

鯧魚被中國人當作好運的徵物，也正是中國人的昌盛得來不易，維持不易，一代昌盛，轉眼成空的歷史一再重複，久而久之，「昌」字便被中國人視同奇珍異物，黑鯧之所以被貶，大抵是因爲黑字在中國政治中搞大鍋，叫人視之爲黑運，不敢恭維。

祭鱷魚文

據傳說潮州原本是飽受鱷魚爲患，被韓愈一篇「祭鱷魚文」，把鱷魚都趕出了潮州，從此潮州便不見鱷魚了，可見韓愈這篇文章驅鱷的威力！的確，他這篇文章寫來勁力十足，上可以震動天堂，下可驚破地獄，難怪藏身在水裏的鱷魚要被驅走。

韓愈本來身居高位，因爲奸人當道，被讒被貶到當時算是邊遠落後的潮州當個小官，他感觸於京師朝廷裏奸人的惡相，到了潮州，又見到鱷魚「睅然不安谿潭」，大怒之下，便揮筆直書，把惡鱷大罵一番，也藉此把他在京師所見到的奸惡面目，一併在鱷魚身上痛罵出來。

韓愈之後，歷代也都有奸人當道，所以歷代也都不乏讀了「祭鱷魚文」大感痛快的人，到了後來，他文中的鱷魚也因爲奸人當道的惡劣形跡而給了人一個非常兇惡的形象。

毛澤東的時代，因爲受左茶毒，也出了不少大奸大惡的人，這些人借着革命的名，大搞其陷害人命，排除異己，甚至大搞打砸搶的勾當，他們有權便無所不用其極，把整個國家推到「水深火熱」的田地。

散播謠言趁亂博利

經過了十年文革大災難，人民也都深深覺醒到，他們最大的敵人是那左惡。雖然當今的京師領導人曾一再宣示左的災害，但是左的惡劣根深蒂固，一再反撲，搞到中國仍然政海浪濤起伏。最近，這種左惡竟然也逐漸伸手到香港來了，他們散佈謠言，誣指要求民主改革的人是「民主抗共」，不錯，有人會持民主去抗共，但多數人確是想過民主生活，爲了少數人的抗共，竟然要把民主改革壓下去，這便是左的極端，他們時時向京師進讒言，搞到上面愈來愈對香港感到不安，他們便可以「以肥其身」，趁亂博利。他們也把港人治港的要求，扯到什麼「英國人的陰謀」問題上去，這也是左惡陷人於不義的「狗當」，英國人陰不陰謀，是一回事，港人要求治港又是另一回事。何況英國人是不是陰謀，京師派出與英國談判的人員最清楚，既然中英雙方已同意了港人治港的原則，港人要求自己治港又被扯到英國人的陰謀問題上去，這無異是先向你套上「漢奸」的帽子，這種套帽子的運動是左惡的專長，如今竟也伸手到香港來。這種種左風，日漸吹向香港。爲了驅逐這種奸惡，我今請出韓愈來再用其「祭鱷魚文」祭一祭，希望把香港的鱷魚趕走，免得牠爲患香港繁榮安定，祭文如下：

維年月日，大文學家、政治家韓愈，聯同香港同胞，「以羊一、豬一，投惡谿之潭水，以與鱷、魚食。而告之曰」：當初共黨既有天下，原本想振興中華，「內除蟲蛇惡物爲民害者」，外抗列強，從中國領土趕出去。及後，黨德受左害而日薄，黨內自相戕伐，黨外不容民主，加上文化大革命，更是民不聊生，「於是鱷魚之涵淹卵育於此」，不足怪矣！

今共黨自批，承認昨日之非，也覺痛惡左傾之害，三中全會後，公告我中華民族，說從今要力行改過自新，努力搞好四個現代化，不會不顧經濟繁榮。如此神聖宣言，「四海之外，六合之內」皆額手稱慶。

神州又響警鐘

不料，言猶在耳神州又響起警鐘，黨內吹起了另一陣陰風，左毒喊打喊殺，說要打倒什麼「資產階級自由化」，名爲針對黨內自由派資產階級，實爲左傾幼稚病併發，影響所及，剛好香港回歸問題碰個正着，於是此際汝等北來或內伏的鱷魚都趁機而起。

既然京師領導已聲言香港保留資本主義不變，要以「一國兩制」克服歷史上遺留下來的分裂局面。因此香港的水域便不許有鱷魚與資產階級雜處此土。今韓愈受命，「守此土，治此民，而鱷魚睅然不安谿潭」，蠢蠢欲動，企圖搞亂水質，以圖其食民蓄熊豕之計，「以肥其身，以種其子孫」。與什麼中華及外族資本主義抗拒，爭爲長雄。韓愈雖死了超過千年，也爲汝輩惡鱷氣得勃然從棺材跳出來，前番既不肯爲鱷魚低首下心，今番見世界列強蠭起，爲中華民族命運，更是

「勢不得不與鱷魚辨，鱷魚有知」且聽韓愈言，香港這個島，大海在其南，「鯨鵬之大，蝦蟹之細，無不容歸」，天下之大，鱷魚有膽識，何不用你那大尾巴去頂住那時刻覬覦的悍熊？偏是只爲中華民族過不去？「今與鱷魚約，盡三日，其率醜類遠徙於海」，以避中華子民。「三日不能，至五日，五日不能，至七日。七日不能，是終不肯徙也」，那便明擺着我韓愈的話不聽。不然，「則是鱷魚冥頑不靈」，把我韓愈的話不當一回事。不顧中華民族的命運，又不聽我話，又不想走開，我韓愈只得下最後通牒：凡「冥頑不靈而爲民物害者，皆可殺。」我自會警醒中華民族，他們到時自會揭竿而起，以與鱷魚周旋，殺到你絕爲止，此祭。

＊一九八七年七月二十一日＊

軟骨、耐命的鱔魚

鱔魚的特點，是軟骨頭與耐命。因爲骨頭軟，所以卽使牠全身由大小骨節細骨組成，但也都顯得全身非常柔輭，要彎要曲，要圓要直，聽之任之，無所不可。眞是下水能游，着陸能爬，能鑽洞，也能埋身泥沼，無論清水濁水，鹹水淡水，地窖泥沼，都能找到鱔魚的家族，可見鱔魚軟骨功確是了得。大抵因爲是軟骨功，所以造成鱔魚特別耐命吧？我們經常看到鱔魚成桶被放置在魚市場，水少魚多，當然氧氣是不夠活命的，它們便齊都把頭伸出水面，幾十個鐘頭不吃不喝，也不會死，換着其他魚類早都發臭，莫說活命，可見其耐命的程度。

軟骨與耐命，不能不說沒有關係，就以人來說罷，人的骨頭硬，所以常常要遭遇折腰之災。一旦遭遇折腰之禍，便癱瘓不起。全身一條脊髓骨，雖然由節上下構成，但都不能像鱔魚那樣前後左右任由擺折，不但下至腰怕折，連上至頸骨也都不能被折，否則便立卽喪命。

中國歷代的政治家，也的確有過人聰明的政治認識力，他們洞悉人骨頭硬的大弱點，因此專愛想出各種政治心思去向個人的骨氣挑戰，他們知道人骨雖硬，但仍有二個地方可以彎曲，一處是頭頸骨，一處是腰骨。他們便特別選定這二個地方，叫人叩頭，也叫人彎腰。人肯叩頭，人肯鞠躬，他便把人當歸順論，否則，他便把人當「硬骨頭」論。然人自稱骨頭硬，他們便想出了二個極刑來挑戰人的骨頭，一個便是砍頭，用粗大的劊子手，用粗大的刀，向人的頸骨上刀一揮，這叫做「斬頭」，這斬頭的刑罰往往是要示衆，示衆的目的，不外是向其他人宣示，要大家睜大眼看看，看刀硬還是骨頭硬。另一個挑戰骨頭的極刑，便是腰斬，他們還設計了一套鋒利重鍘，把人橫放在鍘口上，齊腰一鍘，什麼骨頭也擋不了，任是骨頭硬的人，見了也都會知道，骨頭再硬也擋不過這大刀大鍘。

甘地與陶淵明

大抵便是因爲人嫌自己骨頭長得太硬了會遭來災害，所以人也往往想出各種巧妙的做法來補救這硬骨頭的災難。印度人想出來的瑜伽術，早在中國人的社會有市場，這種瑜伽術便是叫人如何能把自己全身的骨頭鍛鍊得柔軟自如，眞是要彎要曲，聽由尊便，甚至可以彎縮成一團，藏身在籮裏。在這瑜伽術鍛鍊下，奇怪，人的骨頭也的確彎得柔軟得很。而這種瑜伽術背後的哲學思想更是有其一套，這哲學主張順應，主張柔軟，主張和平非暴力，印度之能產生類似甘地那樣的非暴力領袖，叫人打到頭上來也不反擊的精神，可見印度的政治哲學及宗教家也都早認識了人骨頭硬的災害。可是中國人的社會雖然在歷史上曾流行崇奉印度來的這些輭骨功，但軟骨功還是不能在中國人的社會生根。像陶淵明那樣的「不爲五斗米折腰」的人與其精神仍是很有擁躉。所以當政者仍舊放不下他們傳統那套「斬頭」與「鍘腰」的刑罰，希望用這刑罰來叫人軟骨化。

以形補形

因爲這些刑罰，使我也就想起中國人愛吃鱔魚的行徑來了。中國人一向相信「以形補形」的道理，中國人相信吃人參，因爲其有人形，也就會補人，吃一個「人」，補多一個人，一人成了二個人的精力，可見人參之可貴。吃猴腦猪腦牛腦也都同出一轍。相信「以形補形」引發出來的。吃鱔魚的道理，應該不出於相信鱔魚的軟骨能有助於人的軟骨化，否則怎可以令人相信，一條斤來二斤的中山白鱔竟然賣到百多兩百元港幣。一公斤的鱔苗竟然叫價六至七千美元，而且是美金易找，鱔苗難尋，可見中國人的社會之所以把鱔魚炒到如此高價，必然有因，如果想到吃了叫人軟骨化，軟骨化會令人無災無難，長命富貴，那也的確物有所値的！

由鱔魚的軟骨與其形似蛇類，又使我忽然想到中國人崇尚吃鱔，大抵也和中國人之想做龍有關。龍其實與蛇鱔同形，由於生物史上找不到龍的踪跡，又不見其遺骨，因此人相信中國人所信奉的龍，其實是蛇，後來人見蛇不配，便又有伏蛇有了靈氣而得道成龍之說，此說不夠完美，於是又有龍退居水龍宮之說，這一來便也有人相信龍是住在深海，這一來龍又牽連到鱔鰻一類上去。不管這種傳說如何神奇，總之，中國人書畫等文化創作，總愛把龍畫成蛇鱔一類，全身柔軟，能游能跑能飛，既然柔軟，也就大抵是軟骨一類，由此推而論之，中國人之愛吃鱔，愛崇奉龍的精神，這豈不又是中國人想逃避硬骨頭的災難？如此看來，中國的歷代君王或近代的領導人，愛自稱爲龍，或愛中國人自稱龍種，其天機豈不是叫中國人軟骨麼？

好嘢！鱔魚！善哉，希望中國人吃了，善哉善哉！中國的領導人吃了，也都一樣有效。

＊一九八七年七月二十九日＊

黃花魚邊溜

黃花魚邊溜，是中原一帶的俗語，聽說在北京更常用。這話是指人不肯、或不敢當「中流砥柱」，見事便總愛想法從旁溜之大吉。

要了解這種人的心態，得先了解黃花魚邊溜的習性。黃花魚是中國人最熟悉的一種魚，這種魚結羣而行，每到季節，便沿江而上交配產卵。因爲結羣而又逆流，不靠邊便很難長途跋涉，爲了怕艱險、省氣力，只好避開急流，而水流在邊岸的地方受阻力大，也都變得向下衝力較爲緩慢，聰明的黃花魚也就很懂得阻力小的道理，齊都往邊溜，求個避開險流呵！

是不是只有黃花魚有這習性呢？不，凡是由湖海回游上江河的季節魚，都有這個邊溜的習性，他們結羣而行，爲了後代，任重道遠，不得不避惡流。當然，長河處處有險灘，他們當仁不讓，有時也得硬着頭去撞，每當此刻，被急流衝倒、被亂石碰傷碰死的也勢不能免。所以，在西方的水產學者與環境保護者，便想出了一個方法，在急灘旁另闢一條通道，甚至用「電梯」的方法，當魚游入「電梯」後，用人工把「電梯」內的魚放在灘上游，使其安然渡過。據說這樣做的結果，每年可以救到大部分回游的季節魚。

運動的效果

可見，凡魚都有避險灘、趨緩流、靠邊溜的習性。而「黃花魚邊溜」的這句俗語，雖然語帶責備人不能壯膽去「中流砥柱」，駡人遇事便從旁溜走。但細究起來，倒也是中國人的政治環境一向太過強調「集體主義」所造成的反效果。不是嗎？如果在政治上，搞得太多什麼「運動」，今天運動人民去開什麼運河，明天運動人去搬什麼山，後天運動人去塡什麼湖。今年運動人去鬪什麼派，明年運動人去做什麼「大躍進」，後年又運動人去吃什麼「大鍋飯」。名堂多多，不一而足。搞到熱時，甚至連續十年，一個運動接着一個運動，有人「中流砥柱」起來，可以到全中國去搞什麼「串聯」運動，一搞便三五年，脚不停泥！這樣的做法，有人可以，但要全民如此去幹，那等於是要所有的黃花魚去撞險灘，一道去死！如果中國人在那麼多的險惡運動中，不曉得「靠邊溜」，中國人也早在世界上成爲「受保護」動物了。

中國人學會「靠邊溜」，也可以說是歷史的敎訓。中國的運動，打從秦始皇的朝代起便有搞大運動的紀錄，秦始皇本身的紀錄也最爲「輝煌」，他築長城，建阿房宮，中國三大人工河，兩條是他開鑿的。他之後，大大小小的運動，多到數不清，因爲多，反而成爲自然的事，變得不屑去記，只有一些看不過，知道不妥的人，才在他們的詩詞小說裏反映一下，例如柳宗元、杜甫、鄭板橋，在他們的作品裏都反映了一些。遠的不見，近的像過去毛澤東的領導年代，幾乎都是以「運動」治國的，也正是有不少「黃魚」，否則中國豈不變得更狂亂？

集體主義文化

因爲這些數不清年代數不清的運動，所造成的牢不可破的「集體主義」文化，因此，在中國人的行爲中，往往要把「個人主義」數落得一文不值，「個人主義」是不是眞一文不值，只要看近代西方以「個人主義」立國的成就，便可見到這東西並非如我們想像得那麼壞。由於中國人的「集體主義」變得那麼偏頗，那麼狂熱，所以進擊「個人主義」往往變得不留餘地，像文革期間那種見到「自留地」便打殺，見到「自耕用」便砸的情況，如果沒有「集體主義」的狂熱，何以致之？

向邊溜的鐵律

也就是因爲「集體主義」變得那麼兇悍，「個人主義」抬不起頭，偏是人又不能長期生活在集體運動中，中國人無奈之下，也就只好以逃避的態度，變成「黃花魚」，覰着機會便向邊溜。這結果既做不成誠心的「集體主義者」，也不敢當個「個人主義者」，而是變成一個「邊溜主義者」。在「集體主義」運動變得愈兇悍時，邊溜的風氣也就愈盛，所謂水流愈急，便愈多魚兒邊溜，這是動物生存的本能。偏是我們歷代的君主，總是不相信這個「鐵律」，總愛向這個「鐵律」挑戰，而中國人也就更識得向邊溜，到最後，這樣的政權也往往因爲太多子民向邊溜，產生巨大離心力，搞垮自己氣數的。

這些邊溜的習性，不但會搞垮歷代政權，可也經常累壞中華民族的國運，中國自經幾朝的倦人的運動後，到了宋之後，便間續不斷受到外族的侵犯，蒙古人去了之後，又讓金人滅了明朝，清朝末年，便是惹上什麼八國聯軍，甚至連日本人也如入無人之境，如果不是中國子民多溜了邊，靠一些人去「中流砥柱」，英雄一番，中國怎會在外患面前搞到如此虛弱？雖然毛澤東很愛誇說，在他領導之下的共產黨，已把中國搞起來，像一個巨人一樣，在世界上站起來怒吼了！但就在他搞運動搞到瘋狂的文化革命期間，蘇聯也已犯到邊境來了，據尼克森的助手說，蘇聯原本要他一同聯手搞掉中國的，可是尼克森不相信蘇聯共產黨，將情報通過基辛格密告周恩來，這才讓中國又逃過一次大難的。據說毛澤東也因此感激尼克森，到美國人不要尼克森了，他還用飛機接送尼氏，表示報恩。

聖人、英雄、黃花魚

可見「黃花魚」的習性再拖下去，中國早晚氣數要算盡的，可是中國人不邊溜，先得要領導人不再搞運動，不再搞什麼歌德「集體主義」，讓「個人主義」有喘息機會，只要有「個人主義」的苗頭，人便不能邊溜，人多少得保留他自己個人的利益，人不保自己利益的，奇少。中國的先賢早警告過，人先得齊家，然後才談得上治國。如果把人的家都架空了，要他去泛談愛國，若這種人當眞也能因此而還能愛國忘私，這種人也當眞夠得上是「聖人」，但救國不能靠幾個「聖人」，而是要靠千千萬萬的子民，要緊的是要把他們溜邊的習性扭轉過來，而不是光叫「聖人」、「英雄」去救國愛國。運動的途程雖造就不少「聖人」和「英雄」，但也造出了不少「黃花魚」，不搞運動，便不再出「聖人」、「英雄」和「黃花魚」，難怪先賢要高呼說：「聖賢不死，大盜不止」，道理便在此！

＊一九八七年八月四日＊

「打鬪魚」與「打鬪風」

文革期間，還有一個瘋狂，這便是全中國到處鬧「打鬪風」。當時全國高喊「農業學大寨」，於是福建有人在這口號後面加了一句：「打鬪學××」，以當時全國的情況論，這「打鬪學××」當眞可以套到全國上千上萬的地方去，搞到當時中央黨領導曾下令「要文鬪，不要武鬪」，但打鬪之風還是煞不了車。我有一個印尼歸僑朋友，曾在雲南目擊打鬪情況，說是兩派正打得酣熱，有人還搞到出槍，最後還得請來解放軍鎭壓，把打鬪一羣趕到山上，之後又要出動火箭炮把整座山陷入火海，才告平息。在外面的人，如果不是在深圳河與珠江兩個河口，看到成羣屍體連日從內地漂下來，是難以相信這印尼歸僑的話的。

這種「打鬪風」的興起，使我想到「打鬪魚」；從這種魚身上，又令我體會到這種「打鬪風」實是起自有因。

打鬪魚性好靜水

「打鬪魚」原不叫「打鬪魚」，因爲牠們愛打鬪，所以人們給牠們取了這個渾名。其實，「打鬪魚」也和中國人一樣，並不是無時無日無不愛打鬪，只是在一種特定的環境下，變得愛打鬪而已，否則這種「打鬪魚」與中國人會因這種自殘而早絕了。

「打鬪魚」習性愛靜水，流水的地方很難找到，所以在困囿的池塘裏、有浮萍或荷蓮的地方，最適合繁殖。又因爲這種困水裏容易繁衍出各種水族細蟲，「打鬪魚」最愛吃這種細蟲，所以又助長「打鬪魚」的靜水性格。

這種困囿的靜水池塘，雖散布在低窪地帶，容易取得泉源蓄水，但熱帶地方，天氣炎熱，水蒸發得也快，所以，這些靜水池塘也容易變成「死水」。一旦缺水缺氧的情況出現，水蟲也都不易維生，這時的「打鬪魚」也都會變得脾氣特別壞，大家在日益閉塞的環境裏，天地愈來愈變得狹窄，加上糧食日缺，爲食而煩，終於彼此變得動輒相犯，便由此成了那著名的「打鬪魚」。

養玩「打鬪魚」的人，也最熟悉這種情況，所以要牠們打鬪時，最佳的辦法，便是把牠們分隔開，各自困養在一個小瓶子裏，餓其肚子，關在黑暗牆角下，待牠們的身體顏色變得紫紅深色的，正是毛澤東所謂中國人民變得紅透時那樣，然後把二尾「打鬪魚」放在一個窄瓶子裏，牠們便會如你心願地打到你死我活，身殘而絕。

十年文革十年分散

文革打鬪的情況，也是類似而起。那時的中國人民自唱革命，自絕於世界。把整個中國閉關鎖國，叫人民不准與外界來往。搞到瘋狂時，連全世界的使節人員也都召回來，美其名叫重新搞思想改造，實是都挨了批鬪，連那些熱愛祖國而回歸的華僑，也因爲有海外關係而遭殃，被打被殺被關被棄的無所不有。科學家搞科學，應該是最無國界的事，可是這時的黨中央卻特別下了一道通令，不准任何科學家與外界作任何通訊。更荒唐的是，這時的黨策，把人家夫婦及父母子女硬行分配工作，把他們天南地北隔離開去。文革時更不准搞溫情式的家庭團聚，有人眞是「十年文革，十年分散」。又，本來通信自由是在一九五四年立憲條文中明文規定了的人權，這時卻要常常在黨監察下拆信讀信，有的甚至落在黨老爺手上，成爲罪狀。

這種種情況，與「打鬪魚」之被乾旱而困在缺水的死水缺氧池塘又有何區別？此其中國人在文革變成愛打鬪成因之一。

以糧爲綱

文革期間，糧食政策也變得非常荒唐，這時的中國，在實行吃大鍋飯後，糧食生產變得每況愈下。到了文革，黨激勵人搞千百種名堂的運動，這時的中國人變成搞運動重要過搞生產工作，愛運動重於愛吃飯，於是糧食供應進一步奇缺。黨無計可施之下，便來一個「以糧爲綱」，索性就把食無肉的局面用「愈窮愈革命」的美名包裝起來，所謂一不做二不休，索性打起黨號來叫人民只許種米糧，吃米糧，其他一概列爲「走資派」。這種「以糧爲綱」的做法，這種流於窮困的局面，被叫做砍資產階級的尾巴，有人無知無聊起來，還高聲頌窮呢！

神州大地，淪落到這種田地，與「打鬭魚」之處於死水而無蟲爲生的田地，又有何區別？此其中國人在文革變成愛打鬭成因之二。

打鬭之風漸絕跡

據一些報導顯示，這種文革打鬭之風，已在開放區逐步絕跡，尤其是在僑鄉，更是如此，因爲僑鄉得到海外親人的支援，人情特別顯得可貴，因此人與人之間的溫情重暖，人也開始變得文明，經濟得到改善，生活享受增加，命也都較爲有價值，打鬭自殘也都會被感覺到很無謂。

這種開放區的新生氣象，也正如池塘的「打鬭魚」久旱逢甘露，荷蓮浮萍衍生出各種水蟲，大家有吃有宿，正所謂衣食足而知榮辱，打鬪那麼辱人的勾當，係人都不會去佔的。由「打鬪魚」得到一個啓示，不妨在此奉勸中國共產黨，你們那套「自批自鬪」應從此收起來，否則，中國人將像「打鬪魚」那樣，自己鬪自己，先自己玩殘玩絕，中國人更何從像共產黨所說的去負起解放人類的使命？

一九八七年八月十七日

水母、北戴河、天機

「老鄭，老鄭，停一停，停一停……」我猛地聽到有人叫我，回頭一望，原來是老張，他搶前來續道：「我有話問你，你今天看過報紙啦？」

「讀過，怎麼啦？」

「你看到水母進擊北戴河的消息啦？」

「哦！這個，我讀過。」我本想說水母擊人很平常，不值得驚奇。但我也意識到老張想說什麼話，因此頓住，讓他說。

「讀過啫？有沒有消化過？」

「消化過？我倒沒有好好做這功夫，你消化了？說來聽聽。」

「哎呀，你怎麼還沒有好好消化一下，你愛寫魚的文章，這正是好料，該消化消化才是嘛！」

「水母擊人，全世界都有啦，沒有什麼特別嘛！」

老張一聽我說到沒有什麼特別，卽刻就不以爲然，馬上用駁斥的口氣道：「照你說，吃飯的事夠是全世界的人餐餐都要吃，夠是沒特別了！但爲什麼還是有人吃飯哽死，又有什麼吃政治飯，吃硬飯軟飯，這麼多特別的情形呢？」說到這，老張頓了一頓，還是很認眞地說：「我來問你，你相信天機這回事嗎？」

天機？我經這一問，馬上爲之舌結：「這這……你是說『天機不可泄漏』的『天機』吧？這無所謂相信不相信。」

老張聽我這麼一說，更不以爲然了：「我再來問你，你是不是不相信有『天道』、『天懲』之類的，有一個最高的天的意旨來作好壞裁判這麼一回事？」

一聽到這，我馬上省起老張是很相信神秘學，而且身體力行，曾經在家裏請過風水先生糾正運行的，於是馬上也想到應該讓他說說這北戴河水母擊人有什麼天機才是：「我不和你爭論這些，不過，我倒很想聽聽這水母出擊北戴河的事，看你能泄漏什麼天機？」

「這裏頭當然埋隱着一個絕大天機！」老張很有信心地說：「北戴河年長月久，那麼時候沒有熱浪擊來？那麼時候又何曾聞說有什麼熱浪帶來水母擊人的事？偏是在這個時候，正在再一次醞釀政治改革的時候，卻漂來了那麼一大羣水母，把整個北戴河的海水埋下毒殺的機遇。可見這裏頭一定埋下一個天機，這個天機便是警惕着中國人，中國要眞正實行政制改革，問題還多，路途還遙遠。不是嗎？去年的北戴河會議，說要改革，反而捲起了一陣什麼反資產階級自由化的攔頭風。今年的會議，消息好壞仍未卜，反而傳來了水母擊人的壞消息，可見極左的陰魂仍不散，問題仍多多！」

「極左的陰魂與水母有何天機瓜葛？」我表示關心地問了一句。

老張又以爲我不信他的天機之說，馬上又認眞地道：「天機巧就巧在這，這時送到北戴河一大羣水母，叫人借此識破極左的陰魂。不是嗎？中國人這些年不是再三受到極左的毒害嗎？極左已經成爲劇毒的代號，這些水母，雖然身體透明，在海洋裏漂忽不定，不易被人識破，但人們一旦碰上他，便馬上中其毒害。這正如極左人物那樣，誰碰上便誰要被毒害。就以江青來說吧，當她走上極左時，誰不被毒害？三十年代碰上她的人，後來都一一被抄家被殺害，即使是文革時碰上她，與她勾結在一起橫行天下的，何嘗不也受她的極左牽累，如今一一陷入囹圄。可見與她碰上，輕則被毒傷，重則被毒死，這與碰上水母，簡直一模一樣，輕則揸揸藥油沒事，重則被擡進醫院，藥石不靈。這便是北戴河此時此地漂來大羣水母所埋隱的天機，這個天機便是警惕中國人，像江青那樣的極左人物，仍然在政海得意，分分鐘可以任意出擊。」

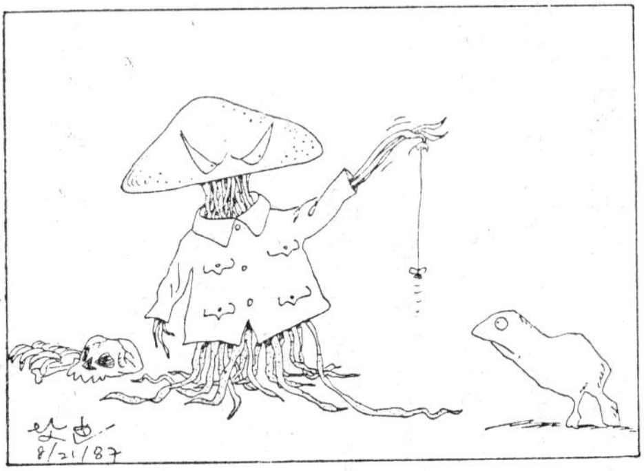

我聽了這一大番話，正也仔細咀嚼，見老張把話停了，不知如何答腔，忙亂了一句道：「也不是所有的水母都有毒的。……」

老張聽了，忽又加強了他的天機論，更落力道：「這正好說明了這天機的奧妙，爲什麼此時此刻的北戴河不漂來無毒水母，偏偏卻漂來有毒的？可見要人警惕提防極左人物嘛！」

「照你說，這天機是天助改革派而顯放的啦？」我又答腔了一句。

「你敢說不是嗎？」老張仍怕我不信他的天機說，仍落力道：「所謂得道多助，眞是有這回事的。否則林彪怎麼飛不起來，撞死在草原上？毛澤東搞了那麼多壞事，到後來不都是處處不順利？連他死前，天也要搞一樁『唐山大地震』給他嘆一嘆！你說這不是失道多害嗎？我這一套天機說，不只我信，連共產黨的頭頭也信的，據說當陶鑄見江山已落得『無眼睇』時，不也都大喊：『善有善報，惡有惡報，不是不報，時辰未到，時辰一到，全都報銷。』果然，現在已見到不少人已被『報銷』了，雖然仍有人仍待被『報銷』，現在天機繼續顯靈，這些水母早晚要到海龍王處去報到的！」

對於這些天機的事，我一竅不通，除了答一答腔，我再也答不上什麼話，老張以爲我仍不信他的說話，只好感嘆一聲，道：

「我擔心這些水母氣數不早去時，早慢會漂來香港，我好擔心！」說罷，老張揚長而去。

＊一九八七年八月二十一日＊

張姓女生沒頂記

話說神州張姓女學生在陸上氣數已盡，這日來向海龍王報到，龍王見了，喜道：

「鯉愛卿，這遭辛苦愛卿了，想在神州陸上的日子也很難過，難爲愛卿了！」

張姓女生返回龍宮後，還未被點化，對龍王這一番話當然全沒反應，衆大臣正想答話，龍王也早察覺，隨即呵呵大笑道：

「蟹將軍，速速拿珍珠過來，給鯉愛卿點化。」

鯉魚精投胎爲人

蟹將軍說時遲那時快，一個橫步，兩個大鉗早捧着一粒大珍珠球，當着龍王殿上便往張姓女生頭上打昏了，在她身上也隨即引起一陣白霧，身隨霧變，霧散盡時，張姓女生早已還形爲一尾漂亮的鯉魚，這時才突又記起往事。原來她上陸前，原是一尾鯉魚精，當時神州經過了文化大革命，正醞釀着改變革命手法，爲了探一探人心在革命運動中的好惡動向，龍王特派她到神州陸上跑一跑，叫她投胎到了張姓人家。在張家生活了十四個年頭，這時神州雖是不再鬧文化革命，但文化革命的陰魂卻一再反撲，後遺症也一再出現。一時有人高喊革命仍不夠徹底，要徹底斬除私心。一時又有人高喊要搞經濟不要革命，如此一來一往，神州便變得像一個大鐘擺，一時擺向極左，叫大公無私，一時擺向極右，大唱有私無公。左時狂到高叫人人學雷鋒，右時也冷到見死不救。這情形叫這鯉魚精投胎的張姓女生見了也好難受，雖只活了十四個春秋，也感受到了人情萬載冷暖。一日，她和幾位同學到一個游泳場去游水。雖是由鯉魚精投胎的她，但龍王卻特意安排她鈍於水性，所以每次下水，她總要挨上幾番風險，這日也不例外，例外的只是她再也逃不出險關，在一大羣人面前，她叫救命，人叫要錢，大家一窮二白，那出得了錢？何況大家一開口便是要上千元，那是一年以上的收入，一輩子也未必有的儲蓄，一時那裏去找？她這便找到了一個絕好機會，驗證了革命改不了人心的眞理，完成龍王所咐託她的使命，結束陸上生命，回來龍宮報到。

記起了這一段神州經歷，這鯉魚精馬上伏跪地上，向龍王奏道：「吾王萬歲，萬萬歲，愚臣不才，沒好好完成吾王使命！」

龍王更喜道：「那裏的話，鯉愛卿，是做得好！理該受獎，孤家應該給你一個長假，你若有興趣再往神州轉世渡假，孤家會卽刻點化你，你卽日便可起程。」

不料這鯉魚精一聽龍王的建議，登時再跪倒在地：「吾王萬歲，萬萬歲，君要臣去，臣不敢不去，若是要給我假期而再去神州，這這……」

鯉魚精雖已成精，然怯性照樣改不了，有話仍三呑口水不敢直吐。龍王也早知其意，恩賜地道：「愛卿若不願去神州，便任由你擇一個地方。你意下如何？直說無妨！」

鯉魚精仍面帶怯容，這這三番，最後也不知惡意好意，鯊大臣竟然向龍王道：「龍王，既然要給她放假，不如一舉兩得，把她放去北美洲，一來讓她去渡渡假，二來也讓她去驗證一下那裏的人心，那裏一向厭惡革命，看看不講革命的社會，人心好惡又是如何！」

龍王聽罷，登時叫好，鯉魚精被差來一再投胎，當然不是好受，然一向怯縮成性，也都不願說什麼，點頭諾諾承受。於是這鯉魚精又被蟹將軍用了另一粒黑色的珍珠球在她頭上一擊，說時遲那時快，她早化着一股黑水，化解而去。

不講革命的社會

鯉魚精這次是投胎到了一個美國白人家裏，出世時長得白嫩可愛，那時正是盛夏，才不過三四個月大，白人父母便抱着這白愛女在海灘上戲浪，把愛女拋在空中，有時你拋我接，有時又你接我拋，如此三四個回合，不料一個大浪把白母親打倒，小白女拋落了空，隨即給浪回頭一捲，盪幾盪，浪來浪去，白人雙親登時嚇得狂呼亂叫，海灘上人羣驚聞哭叫聲，以爲鯊魚來了，都往岸上逃命去了。急得這白人雙親更是力竭聲嘶，連聲慘叫：「help! help!」岸上雖然人衆，沒人敢有動靜，還是瞭望臺上的救生員機警，三步兩步搶前去，一時游，一時跑，彷彿他看到了嬰蹤，但卻都一一撲空，折騰了好一會，岸上也有了有人沒頂的警鐘，不一會，也來了大隊警員救生員，在海上來回打撈。約過了三幾句鐘，總算撈到了，但已返魂乏術。

這回倒算很快便又完成了龍王使命，這鯉魚精終又回到了龍宮，龍王又一番喜色道：「愛卿又辛苦了，兩次在不同地方經受沒頂，經驗一定不好受！有何感受？說來給孤家聽聽！」

鯉魚精才略一怯生，鯊大臣早搶過去說了話：「龍王，這次鯉大臣美國之行，最少已驗證了一件事，說明那厭惡革命的地方，人心到底也好不了，要不，怎麼成千上百的人，若都肯下水救人，隨便舉腳踼踼，也早把嬰兒撈起來了！」

人罵政府·政府罵人

豚大臣聽了，很不以爲然地答腔道：「鯊大臣的話說得好，可見任管你革不革命，人心還是人心，要想用革命把人私心革去，革到有公無己，那已證明辦不到，否則鯉大臣神州之旅，怎會在衆人面前活活淹死！同樣，厭惡革命的社會，也都不會好到有人不要命。但兩者的社會卻有一個很基本的不同：前者把公私不分，連公事也要私人去負責，人淹死了，政府責備人民見死不救，很有再來一次革命的味道，革到你同歸於盡才算夠好！後者卻說明公歸公，私歸私，公事公

不料這鯉魚精一聽龍王的建議，登時再跪倒在地：「吾王萬歲，萬萬歲，君要臣去，臣不敢不去，若是要給我假期而再去神州，這這……」

鯉魚精雖已成精，然怯性照樣改不了，有話仍三呑口水不敢直吐。龍王也早知其意，恩賜地道：「愛卿若不願去神州，便任由你擇一個地方。你意下如何?直說無妨!」

鯉魚精仍面帶怯容，這這三番，最後也不知惡意好意，鯊大臣竟然向龍王道：「龍王，旣然要給她放假，不如一舉兩得，把她放去北美洲，一來讓她去渡渡假，二來也讓她去驗證一下那裏的人心，那裏一向厭惡革命，看看不講革命的社會，人心好惡又是如何!」

龍王聽罷，登時叫好，鯉魚精被差來一再投胎，當然不是好受，然一向怯縮成性，也都不願說什麼，點頭諾諾承受。於是這鯉魚精又被蟹將軍用了另一粒黑色的珍珠球在她頭上一擊，說時遲那時快，她早化着一股黑水，化解而去。

不講革命的社會

鯉魚精這次是投胎到了一個美國白人家裏，出世時長得白嫩可愛，那時正是盛夏，才不過三四個月大，白人父母便抱着這白愛女在海灘上戲浪，把愛女拋在空中，有時你拋我接，有時又你接我拋，如此三四個回合，不料一個大浪把白母親打倒，小白女拋落了空，隨卽給浪回頭一捲，盪幾盪，浪來浪去，白人雙親登時嚇得狂呼亂叫，海灘上人羣驚聞哭叫聲，以爲鯊魚來了，都往岸上逃命去了。急得這白人雙親更是力竭聲嘶，連聲慘叫：「help! help!」岸上雖然人衆，沒人敢有動靜，還是瞭望臺上的救生員機警，三步兩步搶前去，一時游，一時跑，彷彿他看到了嬰蹤，但卻都一一撲空，折騰了好一會，岸上也有了有人沒頂的警鐘，不一會，也來了大隊警員救生員，在海上來回打撈。約過了三幾句鐘，總算撈到了，但已返魂乏術。

這回倒算很快便又完成了龍王使命，這鯉魚精終又回到了龍宮，龍王又一番喜色道：「愛卿又辛苦了，兩次在不同地方經受沒頂，經驗一定不好受！有何感受？說來給孤家聽聽！」

鯉魚精才略一怯生，鯊大臣早搶過去說了話：「龍王，這次鯉大臣美國之行，最少已驗證了一件事，說明那厭惡革命的地方，人心到底也好不了，要不，怎麼成千上百的人，若都肯下水救人，隨便舉腳踢踢，也早把嬰兒撈起來了！」

人罵政府・政府罵人

豚大臣聽了，很不以為然地答腔道：「鯊大臣的話說得好，可見任管你革不革命，人心還是人心，要想用革命把人私心革去，革到有公無已，那已證明辦不到，否則鯉大臣神州之旅，怎會在衆人面前活活淹死！同樣，厭惡革命的社會，也都不會好到有人不要命。但兩者的社會卻有一個很基本的不同：前者把公私不分，連公事也要私人去負責，人淹死了，政府責備人民見死不救，很有再來一次革命的味道，革到你同歸於盡才算夠好！後者卻說明公歸公，私歸私，公事公

不料這鯉魚精一聽龍王的建議，登時再跪倒在地：「吾王萬歲，萬萬歲，君要臣去，臣不敢不去，若是要給我假期而再去神州，這這……」

鯉魚精雖已成精，然怯性照樣改不了，有話仍三呑口水不敢直吐。龍王也早知其意，恩賜地道：「愛卿若不願去神州，便任由你擇一個地方。你意下如何？直說無妨！」

鯉魚精仍面帶怯容，這這三番，最後也不知惡意好意，鯊大臣竟然向龍王道：「龍王，既然要給她放假，不如一舉兩得，把她放去北美洲，一來讓她去渡渡假，二來也讓她去驗證一下那裏的人心，那裏一向厭惡革命，看看不講革命的社會，人心好惡又是如何！」

龍王聽罷，登時叫好，鯉魚精被差來一再投胎，當然不是好受，然一向怯縮成性，也都不願說什麼，點頭諾諾承受。於是這鯉魚精又被蟹將軍用了另一粒黑色的珍珠球在她頭上一擊，說時遲那時快，她早化着一股黑水，化解而去。

不講革命的社會

鯉魚精這次是投胎到了一個美國白人家裏，出世時長得白嫩可愛，那時正是盛夏，才不過三四個月大，白人父母便抱着這白愛女在海灘上戲浪，把愛女拋在空中，有時你拋我接，有時又你接我拋，如此三四個回合，不料一個大浪把白母親打倒，小白女拋落了空，隨即給浪回頭一捲，盪幾盪，浪來浪去，白人雙親登時嚇得狂呼亂叫，海灘上人羣驚聞哭叫聲，以爲鯊魚來了，都往岸上逃命去了。急得這白人雙親更是力竭聲嘶，連聲慘叫：「help! help!」岸上雖然人衆，沒人敢有動靜，還是瞭望臺上的救生員機警，三步兩步搶前去，一時游，一時跑，彷彿他看到了嬰蹤，但卻都一一撲空，折騰了好一會，岸上也有了有人沒頂的警鐘，不一會，也來了大隊警員救生員，在海上來回打撈。約過了三幾句鐘，總算撈到了，但已返魂乏術。

這回倒算很快便又完成了龍王使命，這鯉魚精終又回到了龍宮，龍王又一番喜色道：「愛卿又辛苦了，兩次在不同地方經受沒頂，經驗一定不好受！有何感受？說來給孤家聽聽！」

鯉魚精才略一怯生，鯊大臣早搶過去說了話：「龍王，這次鯉大臣美國之行，最少已驗證了一件事，說明那厭惡革命的地方，人心到底也好不了，要不，怎麼成千上百的人，若都肯下水救人，隨便舉腳踢踢，也早把嬰兒撈起來了！」

人罵政府・政府罵人

豚大臣聽了，很不以為然地答腔道：「鯊大臣的話說得好，可見任管你革不革命，人心還是人心，要想用革命把人私心革去，革到有公無己，那已證明辦不到，否則鯉大臣神州之旅，怎會在衆人面前活活淹死！同樣，厭惡革命的社會，也都不會好到有人不要命。但兩者的社會卻有一個很基本的不同：前者把公私不分，連公事也要私人去負責，人淹死了，政府責備人民見死不救，很有再來一次革命的味道，革到你同歸於盡才算夠好！後者卻說明公歸公，私歸私，公事公辦，私事私人理。人沒頂，有救生員去理！沒救生員設備？或救生員失職？人罵的是政府，不是政府罵人！所以前者的社會，政府罵人的結果，自己逃避職責，便變得公事愈來愈少人理，後者的社會，人罵政府的結果，政府責無旁貸，便變得公事愈攬愈多，公事愈來愈有人理，而且事有專職專業人去理。」

鯊大臣一聽，不是味道，狠批道：「你這番話，不單是反革命，而且還崇洋！」

豚大臣並不理會，只指着鯉魚精說：「張姓女生沒頂後，人民日報不是罵衆人毫無人道，呼叫衆人聲討，要再度暴露人性嗎？」

鯉魚雖已成精，卻仍一貫怯性地說不上話，尤其是有關自己家鄉的事，更難啓口說是非，只落得說三兩句：「這這……」

龍王見了，仍舊喜在心上，恩賜地道：「鯉愛卿，這回當眞是給你放假，你說，要去那裏？」

鯉魚怯怯地，好容易才說：「感謝吾王恩典，不才不去那裏，但願留在吾王身邊聽候吾王差遣。」

龍王好滿意，宣布退朝！

＊一九八七年八月三十一日＊

滄海叢刊已刊行書目(八)

書名	作者	類別
文學欣賞的靈魂	劉述先	西洋文學
西洋兒童文學史	葉詠琍	西洋文學
現代藝術哲學	孫旗譯	藝術
音樂人生	黃友棣	音樂
音樂與我	趙琴	音樂
音樂伴我遊	趙琴	音樂
爐邊閒話	李抱忱	音樂
琴臺碎語	黃友棣	音樂
音樂隨筆	趙琴	音樂
樂林蓽露	黃友棣	音樂
樂谷鳴泉	黃友棣	音樂
樂韻飄香	黃友棣	音樂
樂圃長春	黃友棣	音樂
色彩基礎	何耀宗	美術
水彩技巧與創作	劉其偉	美術
繪畫隨筆	陳景容	美術
素描的技法	陳景容	美術
人體工學與安全	劉其偉	美術
立體造形基本設計	張長傑	美術
工藝材料	李鈞棫	美術
石膏工藝	李鈞棫	美術
裝飾工藝	張長傑	美術
都市計劃概論	王紀鯤	建築
建築設計方法	陳政雄	建築
建築基本畫	陳榮美 楊麗黛	建築
建築鋼屋架結構設計	王萬雄	建築
中國的建築藝術	張紹載	建築
室內環境設計	李琬琬	建築
現代工藝概論	張長傑	雕刻
藤竹工	張長傑	雕刻
戲劇藝術之發展及其原理	趙如琳譯	戲劇
戲劇編寫法	方寸	戲劇
時代的經驗	汪琪 彭家發	新聞
大衆傳播的挑戰	石永貴	新聞
書法與心理	高尚仁	心理

滄海叢刊已刊行書目(七)

書名	作者	類別
印度文學歷代名著選(上)(下)	糜文開編譯	文學
寒山子研究	陳慧劍	文學
魯迅這個人	劉心皇	文學
孟學的現代意義	王支洪	文學
比較詩學	葉維廉	比較文學
結構主義與中國文學	周英雄	比較文學
主題學研究論文集	陳鵬翔主編	比較文學
中國小說比較研究	侯健	比較文學
現象學與文學批評	鄭樹森編	比較文學
記號詩學	古添洪	比較文學
中美文學因緣	鄭樹森編	比較文學
文學因緣	鄭樹森	比較文學
比較文學理論與實踐	張漢良	比較文學
韓非子析論	謝雲飛	中國文學
陶淵明評論	李辰冬	中國文學
中國文學論叢	錢穆	中國文學
文學新論	李辰冬	中國文學
離騷九歌九章淺釋	繆天華	中國文學
苕華詞與人間詞話述評	王宗樂	中國文學
杜甫作品繫年	李辰冬	中國文學
元曲六大家	應裕康 王忠林	中國文學
詩經研讀指導	裴普賢	中國文學
迦陵談詩二集	葉嘉瑩	中國文學
莊子及其文學	黃錦鋐	中國文學
歐陽修詩本義研究	裴普賢	中國文學
清真詞研究	王支洪	中國文學
宋儒風範	董金裕	中國文學
紅樓夢的文學價值	羅盤	中國文學
四說論叢	羅盤	中國文學
中國文學鑑賞舉隅	黃慶萱 許家鸞	中國文學
牛李黨爭與唐代文學	傅錫壬	中國文學
增訂江皋集	吳俊升	中國文學
浮士德研究	李辰冬譯	西洋文學
蘇忍尼辛選集	劉安雲譯	西洋文學

滄海叢刊已刊行書目(六)

書名	作者	類別
卡薩爾斯之琴	葉石濤	文學
青囊夜燈	許振江	文學
我永遠年輕	唐文標	文學
分析文學	陳啓佑	文學
思想起	陌上塵	文學
心酸記	李喬	文學
離訣	林蒼鬱	文學
孤獨園	林蒼鬱	文學
托塔少年	林文欽編	文學
北美情逅	卜貴美	文學
女兵自傳	謝冰瑩	文學
抗戰日記	謝冰瑩	文學
我在日本	謝冰瑩	文學
給青年朋友的信(上)(下)	謝冰瑩	文學
冰瑩書柬	謝冰瑩	文學
孤寂中的廻響	洛夫	文學
火天使	趙衛民	文學
無塵的鏡子	張默	文學
大漢心聲	張起鈞	文學
回首叫雲飛起	羊令野	文學
康莊有待	向陽	文學
情愛與文學	周伯乃	文學
湍流偶拾	繆天華	文學
文學之旅	蕭傳文	文學
鼓瑟集	幼柏	文學
種子落地	葉海煙	文學
文學邊緣	周玉山	文學
大陸文藝新探	周玉山	文學
累盧聲氣集	姜超嶽	文學
實用文纂	姜超嶽	文學
林下生涯	姜超嶽	文學
材與不材之間	王邦雄	文學
人生小語(一)(二)	何秀煌	文學
兒童文學	葉詠琍	文學

滄海叢刊已刊行書目(五)

書名	作者	類別
中西文學關係研究	王潤華	文學
文開隨筆	糜文開	文學
知識之劍	陳鼎環	文學
野草詞	韋瀚章	文學
李韶歌詞集	李韶	文學
石頭的研究	戴天	文學
留不住的航渡	葉維廉	文學
三十年詩	葉維廉	文學
現代散文欣賞	鄭明娳	文學
現代文學評論	亞菁	文學
三十年代作家論	姜穆	文學
當代臺灣作家論	何欣	文學
藍天白雲集	梁容若	文學
見賢集	鄭彥棻	文學
思齊集	鄭彥棻	文學
寫作是藝術	張秀亞	文學
孟武自選文集	薩孟武	文學
小說創作論	羅盤	文學
細讀現代小說	張素貞	文學
往日旋律	幼柏	文學
城市筆記	巴斯	文學
歐羅巴的蘆笛	葉維廉	文學
一個中國的海	葉維廉	文學
山外有山	李英豪	文學
現實的探索	陳銘磻編	文學
金排附	鍾延豪	文學
放鷹	吳錦發	文學
黃巢殺人八百萬	宋澤萊	文學
燈下燈	蕭蕭	文學
陽關千唱	陳煌	文學
種籽	向陽	文學
泥土的香味	彭瑞金	文學
無緣廟	陳艷秋	文學
鄉事	林清玄	文學
余忠雄的春天	鍾鐵民	文學
吳煦斌小說集	吳煦斌	文學

滄海叢刊已刊行書目(四)

書名	作者	類別
歷史圈外	朱桂	歷史
中國人的故事	夏雨人	歷史
老臺灣	陳冠學	歷史
古史地理論叢	錢穆	歷史
秦漢史	錢穆	歷史
秦漢史論稿	刑義田	歷史
我這半生	毛振翔	歷史
三生有幸	吳相湘	傳記
弘一大師傳	陳慧劍	傳記
蘇曼殊大師新傳	劉心皇	傳記
當代佛門人物	陳慧劍	傳記
孤兒心影錄	張國柱	傳記
精忠岳飛傳	李安	傳記
八十憶雙親 師友雜憶 合刊	錢穆	傳記
困勉強狷八十年	陶百川	傳記
中國歷史精神	錢穆	史學
國史新論	錢穆	史學
與西方史家論中國史學	杜維運	史學
清代史學與史家	杜維運	史學
中國文字學	潘重規	語言
中國聲韻學	潘重規 陳紹棠	語言
文學與音律	謝雲飛	語言
還鄉夢的幻滅	賴景瑚	文學
葫蘆・再見	鄭明娳	文學
大地之歌	大地詩社	文學
青春	葉蟬貞	文學
比較文學的墾拓在臺灣	古添洪 陳慧樺 主編	文學
從比較神話到文學	古添洪 陳慧樺	文學
解構批評論集	廖炳惠	文學
牧場的情思	張媛媛	文學
萍踪憶語	賴景瑚	文學
讀書與生活	琦君	文學

滄海叢刊已刊行書目㈢

書名	作者	類別
不疑不懼	王洪鈞	教育
文化與教育	錢穆	教育
教育叢談	上官業佑	教育
印度文化十八篇	糜文開	社會
中華文化十二講	錢穆	社會
清代科舉	劉兆璸	社會
世界局勢與中國文化	錢穆	社會
國家論	薩孟武譯	社會
紅樓夢與中國舊家庭	薩孟武	社會
社會學與中國研究	蔡文輝	社會
我國社會的變遷與發展	朱岑樓主編	社會
開放的多元社會	楊國樞	社會
社會、文化和知識份子	葉啓政	社會
臺灣與美國社會問題	蔡文輝 蕭新煌 主編	社會
日本社會的結構	福武直 著 王世雄 譯	社會
三十年來我國人文及社會科學之回顧與展望		社會
財經文存	王作榮	經濟
財經時論	楊道淮	經濟
中國歷代政治得失	錢穆	政治
周禮的政治思想	周世輔 周文湘	政治
儒家政論衍義	薩孟武	政治
先秦政治思想史	梁啓超原著 賈馥茗標點	政治
當代中國與民主	周陽山	政治
中國現代軍事史	劉馥 著 梅寅生 譯	軍事
憲法論集	林紀東	法律
憲法論叢	鄭彥棻	法律
師友風義	鄭彥棻	歷史
黃帝	錢穆	歷史
歷史與人物	吳相湘	歷史
歷史與文化論叢	錢穆	歷史

滄海叢刊已刊行書目㈡

書名	作者	類別
語言哲學	劉福增	哲學
邏輯與設基法	劉福增	哲學
知識・邏輯・科學哲學	林正弘	哲學
中國管理哲學	曾仕強	哲學
老子的哲學	王邦雄	中國哲學
孔學漫談	余家菊	中國哲學
中庸誠的哲學	吳怡	中國哲學
哲學演講錄	吳怡	中國哲學
墨家的哲學方法	鐘友聯	中國哲學
韓非子的哲學	王邦雄	中國哲學
墨家哲學	蔡仁厚	中國哲學
知識、理性與生命	孫寶琛	中國哲學
逍遥的莊子	吳怡	中國哲學
中國哲學的生命和方法	吳怡	中國哲學
儒家與現代中國	韋政通	中國哲學
希臘哲學趣談	鄔昆如	西洋哲學
中世哲學趣談	鄔昆如	西洋哲學
近代哲學趣談	鄔昆如	西洋哲學
現代哲學趣談	鄔昆如	西洋哲學
現代哲學述評㈠	傅佩榮譯	西洋哲學
懷海德哲學	楊士毅	西洋哲學
思想的貧困	韋政通	思想
不以規矩不能成方圓	劉君燦	思想
佛學研究	周中一	佛學
佛學論著	周中一	佛學
現代佛學原理	鄭金德	佛學
禪話	周中一	佛學
天人之際	李杏邨	佛學
公案禪語	吳怡	佛學
佛教思想新論	楊惠南	佛學
禪學講話	芝峯法師譯	佛學
圓滿生命的實現（布施波羅蜜）	陳柏達	佛學
絕對與圓融	霍韜晦	佛學
佛學研究指南	關世謙譯	佛學
當代學人談佛教	楊惠南編	佛學

滄海叢刊已刊行書目(一)

書名	作者	類別
國父道德言論類輯	陳立夫	國父遺教
中國學術思想史論叢(一)(二)(三)(四)(五)(六)(七)(八)	錢穆	國學
現代中國學術論衡	錢穆	國學
兩漢經學今古文平議	錢穆	國學
朱子學提綱	錢穆	國學
先秦諸子繫年	錢穆	國學
先秦諸子論叢	唐端正	國學
先秦諸子論叢(續篇)	唐端正	國學
儒學傳統與文化創新	黃俊傑	國學
宋代理學三書隨劄	錢穆	國學
莊子纂箋	錢穆	國學
湖上閒思錄	錢穆	哲學
人生十論	錢穆	哲學
晚學盲言	錢穆	哲學
中國百位哲學家	黎建球	哲學
西洋百位哲學家	鄔昆如	哲學
現代存在思想家	項退結	哲學
比較哲學與文化(一)(二)	吳森	哲學
文化哲學講錄(一)(二)(三)(四)	鄔昆如	哲學
哲學淺論	張康譯	哲學
哲學十大問題	鄔昆如	哲學
哲學智慧的尋求	何秀煌	哲學
哲學的智慧與歷史的聰明	何秀煌	哲學
內心悅樂之源泉	吳經熊	哲學
從西方哲學到禪佛教 —「哲學與宗教」一集—	傅偉勳	哲學
批判的繼承與創造的發展 —「哲學與宗教」二集—	傅偉勳	哲學
愛的哲學	蘇昌美	哲學
是與非	張身華譯	哲學